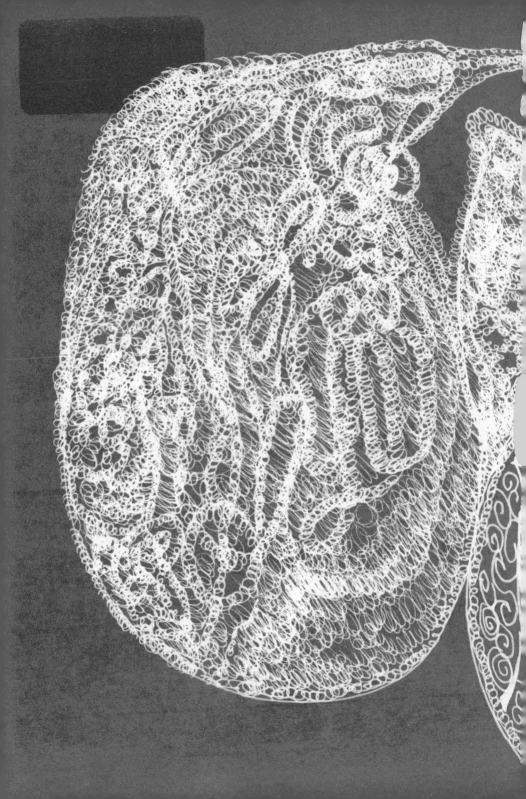

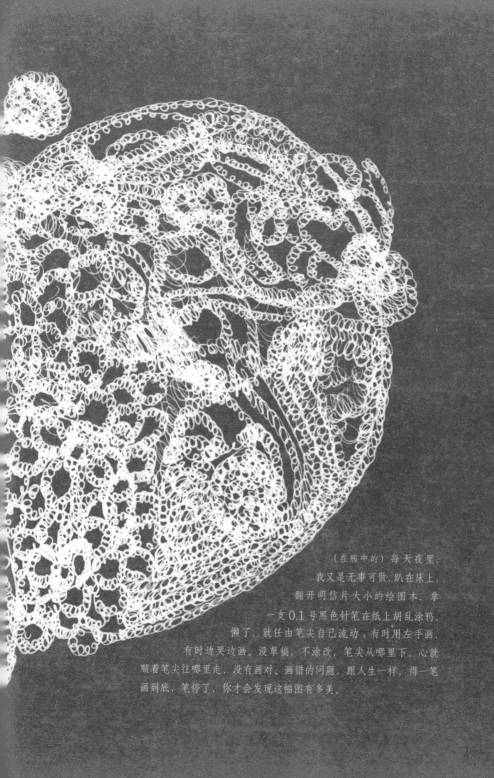

（在病中的）每天夜里，
我又是无事可做，趴在床上，
翻开明信片大小的绘图本，拿
一支0.1号黑色针笔在纸上胡乱涂鸦。
懒了，就任由笔尖自己流动，有时用左手画，
有时边哭边画。没草稿，不涂改，笔尖从哪里下，心就
顺着笔尖往哪里走，没有画对、画错的问题，跟人生一样，得一笔
画到底，笔停了，你才会发现这幅图有多美。

从

悦己 到 越己

陈贺美 著

广西科学技术出版社

阅己——过去心不可得 悦己——现在心不可得 越己——未来心不可得

没有一片雪花落错地方

2017年4月9日，在张掖林业局的协助安排下，我在祁连山黑河边的戈壁滩上栽下了第一株树苗。看到树苗直挺挺地站立在我眼前时，我的心兴奋、雀跃得快要跳出来。

作为《悦己》的发想和创刊主编，创刊十年后，又脱离一手打造过的平台，再次把自己扔向未知，是这个灵魂每十年就要经历一次的戏码。"百花丛中过，片叶不沾身"，是这个灵魂给自己制定的模式，只有一个考题，这个灵魂必须自己去想明白，那就是：为什么它要这么设计？

表面上看，离开《悦己》是因为过度劳累导致身体劳损，但只有我知道，这不是真正的原因。一切因缘转折，还要从2013年那场病讲起。

"一场没立刻要我命"的病

2013年10月,《悦己》创刊8年后,我终于累得倒下了,检查发现胸口长了一个一厘米多长的肿瘤,心肺肝肾功能衰弱,医生简直不敢相信,这么差的身体,居然能撑那么多年。

老天硬是拔掉我的插头,叫我"停机"。

不管信念多强大,当身体说什么都不跟你配合的时候,除了投降,你无计可施,我意识到必须好好听听这个身体要跟我说什么了,我欠它的,是我把它使用坏了。家人坚持我回台北接受治疗,公司焦急得不得了,因为我说不出回北京的确切时间,面对无法做主的身体变化,我能说的、能做的实在是太少了。

回家看见年迈的父母亲伤心落泪,忧虑难安,我心里真是愧疚、难过。在台北静养的那段时间,除了去医院,我常常一个人坐在住家附近山上的大树下吹风、发呆。

职场驰骋三十多年，早已习惯每天的快节奏，就是少数没安排会议的时间，也要主动找人来交代这个，关切那个。每天开不完的会、见不完的人、讲不完的话，不是昨天还在办公楼里四处穿梭、忙来忙去吗？怎么现在身体闲了，脑袋全给挖空了？我不断升起从没有过的失落感。

这是有记忆以来，我第一次不赶着去下一个地方。没人找我，也没事等我，世界少了我，太阳一样升起，花儿自己开，叶子自己落，就连那只每次都在我面前晃悠的黄色野狗，也无视我的存在，照样抬起后腿，撒泡尿，摇着尾巴朝同一个方向慢步离开。杂志照样出刊，客户照样投广告，谁也不缺我，我也不干扰谁。

每天夜里，我又是无事可做，趴在床上，翻开明信片大小的绘图本，拿一支0.1号黑色针笔在纸上胡乱涂鸦。懒了，就任由笔尖自己流动；有时用左手画，有时边哭边画。没草稿，不涂改，笔尖从哪里下，心就顺着笔尖往哪里走，没有画对、画错的问题，跟人生一样，得一笔画到底，笔停了，你才会发现这幅图有多美。

生病真是一个难以承受的重，但就因为生病，才让我甘愿（迫不得已？）重新连接自己。这是上帝的奇异恩典。一颗躁动奔腾的心，安歇了。

可我脑袋当时就一直没想明白，带给中国女性那么多快乐和自我价值感，我为什么后来会变得不快乐？上天让我实践天命，做成一件那么有益人心的事，又为什么要用病痛来"惩罚"我？

这是有记忆以来，
我第一次不赶着去下一个地方。
世界少了我，太阳一样升起，
花儿自己开，叶子自己落。

贰

2005年

拎一只皮箱来北京，创刊《悦己》

2005年，我放弃了做个无忧无虑的官员夫人（虽然那也是一个好选择），拎着一只皮箱到北京说服美国公司，创刊《悦己》。

我在台湾地区做过二十多年媒体，这个经历帮我积累了丰富的经验到北京创刊《悦己》杂志。但是在2007年出刊《悦己》前后的那几个月，网上充斥着嘲讽和质疑，毕竟所有世界名刊都已经聚集中国，想创刊一本全新理念，又完全没有任何国际名刊中文版庇荫的女性杂志，无疑是个既傻又不可能达成的任务。蜚短流长对生性敏感的我，应该是有很大伤害的，但那偏偏却是我最快乐的一段时光，因为我全心全意地想用一本杂志去表达我最坚定的人生信念：

女人想要快乐，就一定要先好好爱自己，只有爱自己，内心才会强大，内心强大了，才拥有足够的力量去实现人生的梦想！

中国女人让人心疼，陷在同样的情绪泥淖里，很多烦恼在男人眼里根本不是件事儿，女人却会百转千回，翻来覆去地折腾自己。我深深感受到，她们非常需要姊妹闺蜜之间的温暖分享和贴心倾听。

那股天真傻劲像张巨大的保护罩，把我紧紧地包起来，让我对外面的风风雨雨完全无感，马不停蹄地到各大城市去做调研。

中国实在太大了，每个地方的生活习俗，城市特色，思考事情的模式、角度都很不一样，甚至连使用语言的习惯都大相径庭，光一本女性杂志又怎么能够满足所有中国女性的需求？既要统一中文语意，又要让彼此产生共鸣，看似无解，对我来说却是一个有趣而不困难的问题。

我意识到纵使地域、生活习性、成长背景都不一样，但是一位月入两千和一位月入二十万的女性，她们渴望幸福、追求人生圆满的权利是平等的，她们同样怕老、怕丑、怕死、怕没人爱，同样需要被爱、被肯定、被关怀。

只要把心专注在一个坚定的信念上，那个信念就会化成熊熊燃烧的火焰。回北京以后，我就把所有听到的、看到的，全供外围优秀创意团队发想，酝酿出十条最脍炙人口的"悦己语录"，接着我把整本杂志的内容板块设计好，再接着，围绕这股信念的选题一个个浮现。《悦己》杂志充分落实了"快乐由自己、美丽身心灵"的信念，加上排山倒海的宣传攻势，一出刊就立刻成为市场上最热门的话题，不仅销量很快取得领先地位，甚至还成为国内众多大学相关科系的研究目标，它们纷纷探讨这本新刊为什么那么快就成功，秘诀是什么。

这份持续多年的傲人成绩，使很多人都认为我应该是全中国最满足、最

一位月入两千和
一位月入二十万的中国女性，
她们渴望幸福、追求人生圆满的权利
是平等的，
她们同样怕老、怕丑、怕死、
怕没人爱。

自豪的女刊主编了吧，其实我没有，因为那从来不是我舍得让丈夫、年幼孩子独自在加拿大生活，只身到北京完成这件事的目的。我真心相信，这就是我的天命。

衷心感谢他们愿意相信一个女人的梦想。

担任《悦己》编辑总监的每一天，我都像创刊第一天一样，充满着无比的热情和战斗力，身体里就像装着一个轰隆轰隆的马达，不停地运转，满脑子都是怎么创造新话题、告诉所有人我想到的感受到的那股强大的快乐的力量！每篇文章我都从头改到尾，一个标点符号也不放过，连做梦都在做标题跟封面要目。如果这就叫做疯狂，那么我十年下来，确实已经耗尽了全身的每一分力气。

除了超级庞大的脑力、体力支出，杂志发行量一直激增，使得客户不断从欧美各地到公司拜访，出于对《悦己》那份坚定的信念和无休止的爱，我甘愿透支更多精力，接待到访的每位客户，对他们热情讲解中国女性的现况。我不停地讲话，希望尽力协助同样在奋战的销售伙伴们，一次次攀越更高的业务指标。我要让更多人了解《悦己》有多么好，有多么关怀中国女性的成长，有多么想和中国女性一起分享快乐，分享爱。

尽管发行和广告迭创佳绩，但渐渐地，我的心却分裂了，我陷入了理想和业绩要求的纠缠中，我好强，又是个要命的完美主义者，我两边都想做好，希望兼顾，于是那个纠结导致了强烈的矛盾和能量的激烈对撞。

市场瞬息万变，我个性急躁，速度又快，所以我勇于推翻前面的构想。一件事情才刚交代下去，隔天我又改弦易张。虽然点子不断领先市场，却苦了跟我做事的每一个人。跟了我多年的编辑常常苦着脸恳求我：能不能请你不要那么快，我们实在跟不上……

我把自己的意志强加到编辑和同事身上了，虽然数字不断地攀升，但是再强大的意志也敌不过身体衰败的速度。一直鼓励女人爱自己，要"悦"己，我却背离这个信念，把自己过成了"虐"己，更让一直跟着我，支持我多年的编辑们受苦。

2015年

我和它都完成了彼此的缘分

2014年5月，在我"被迫"因病休养了7个月后，春暖花开，我整理好行囊回到北京。一踏进暌违已久的办公室，竟恍若离开了一个世纪。满屋子的鲜花，一波波香气暖意迎面袭来。我有点恍惚，怀疑自己是不是从实境踏入了一个虚拟世界。原以为会死守、热爱一辈子的地方，怎么现在竟变得既熟悉又陌生，连跟同事们讲话都轻飘飘了起来。过去那股虽千万人吾往矣的豪气呢？

有一天去上海出差，从饭店窗户望向滔滔的黄浦江时，一个影像忽然跳进我的脑海，是李辛老师，是我最尊敬的中医老师。十年前我们第一次见面，李医师只是很专心地听我说话，既不把脉也不开处方。听完我的话，他说，我们一起打坐吧。于是，我们一起坐在榻榻米上，由他带着我体察灵魂里深藏的焦虑，也看见了自己那股强大的愿心，然后慢慢地进入无思无想的定境中。每次见他，李医师都只是陪我打坐，但后来快创刊了，我又一股脑地把自己丢进繁重的工作中，很少再见到李医师。

将近十年没见，李医师已经定居常熟，不太跟外界联系，可是却接了我的电话。他照例又是听我絮絮叨叨地讲了半个多小时，然后用他一贯轻轻缓缓的声音对我说：

"给你三个处方吧。你知道人为什么会生病吗？人会生病，就是因为他远离了大自然，所以给你的第一个处方，就是准备一个包包，里面就放两样东西，一个坐垫，一条披肩，别再坐班了，去爬山，走到合适的地方就坐下来打坐；第二，我知道你喜欢忙，但是一到晚上十点半就一定要关灯上床睡觉，把白天的尘劳全部抛到脑后，天塌下来都跟你无关。"

"第三，人长这么大，要学会一种智慧，就是要能判断找上你的事，是不是来扰乱你、消耗你，如果是，要选择不做。你说你做成功很多事情，但你以为都是你一个人做成的吗？不是的，事情之所以会成功，是因为所有的条件和因缘都具足了，不是单单因为你的关系，更何况，不是所有成功的事

终于明白，
事情之所以会成功，
是因为所有的条件和因缘都具足了，
不是我把它做成的。

都是好事、都是必须马上完成的事，机缘没到你硬做，到底是在成事，还是坏事，你不知道的。只有老天才有能力照管所有的事情，接通天做的才是好事，其他的都是扰乱自己跟别人！"

李辛医师狠狠地给我做了一个不上麻药的开心手术。痛！但却帮我打通了淤塞的心。

以前只想守着编辑台，当个专业的编辑人，但现在我的心飘向了窗外，飘向了人群，怀念起创刊前曾经紧紧拥抱过的温度和温暖，于是我开始了"八千里路云和月"的读友见面会，每个月去一座城市和读者面对面地坐下来讲话。我喜欢"看"到她们，她们也喜欢"看"到我；我"听"见她们，她们也"听"见我。那是我和她们最短的距离，那是"心联网"！一起分享生活的体验，一起学习处世的智慧。那不就是人与人之间最美好的感觉吗？不就是我的初心（first reason）吗？

后来，我休假回印度的家，先生和儿子陪我去瓦拉纳西、菩提迦耶、鹿野苑、那烂陀大学等地旅行，更陪着我一步步地爬上不丹虎穴寺。在莲花生大士当年闭关的洞口前，我两腿酸软，跪趴在地上。我问自己，天地那么大，生命那么短暂，我到底剩下多少时间？我还要待在一个已经不需要我再去完成任何事的地方吗？我应该去创造、扩展其他不同的生命经验，我还想学习其他更有趣的东西，发现从不知道的自己，再错过，我就没有机会了！

没有才是最大，减掉才是最多，只有先让自己自由了，才能自由地去做想做的事。

2015年11月，整整十年，带着感恩的心，我彻底抽离了至今都深深感念的公司和曾经付出大量心血的《悦己》。我知道，我和它都完成了彼此的缘分，是时候踏上各自的征途了。

2016年

连自己都不知道自己是菩萨的人

很快地，我搬离了居住十几年的北京，开始展开渴望的体验及学习之旅。我学精油，学彩虹生命灵数，我去内观，去辟谷，去五台山看文殊菩萨，去美国雪士达山洗涤自己……短短一年的时间，我把每天都过得像个丰盛的宴席，连生活圈都在不知不觉中，换了一个。

过去上班的时候，每天忙忙忙，只有睡前才有点时间好好读几页书，但现在，我的时间不再被碎裂分割，我像块海绵一样，大量阅读和思考。以前总是采访名人、名家，以为那才是引领观念的主流，没想到卸下媒体身份之后，才有机缘遇见真正高智慧的老师。他们不爱出名，也不因为你是媒体就谄媚你、希望被报道。他们愿意见你，是因为你不再咄咄逼人，你既用功又愿意慷慨分享，所以才获邀与他们一起探索生命的奥秘。

在媒体圈几十年，很多名师我都见过、拜访过。名师固然都有让人景仰、学习的优点，但也许就是因为太有名了，粉丝无法接受偶像不完美。我们仰望名师，希望名师用他们强大的能量，为我们指点生命的迷津，但我想告诉你，影响我最深的不是名师，而是连他自己都不知道自己是菩萨的人。

去年3月，一过完农历年，我就去台湾高雄内观十天。报到那一天，我提着皮箱走进寮房，一眼便看见一个女人静静地坐在她的床板上，个子娇小，头发花白，梳个小马尾，朝着我腼腆地笑。我勉强挤出一丝笑容，没多说话，不是不友善，而是当时我还处在震惊和不安中。与我同年纪的大嫂，一个长得美丽富贵，又生活得那么滋润的女人，刚刚在她上海的豪宅里猝逝。除夕那天全家还一起开心吃年夜饭的，一场感冒，一口气没接上就走了，现在人还躺在冰柜里等着出殡的日子。

内观头几天，我无法控制乱飘的思绪，大嫂躺在床上的模样，一直不断跳进我的脑海。观呼吸，一二三……再观一次，一二三……每天晚上睡在僵硬的床板上，所有的记忆碎片都变成了超清广角大屏幕。下雨，一直下雨，湿答答的，夜里温度骤降到五摄氏度，冻得我直打哆嗦。我翻来覆去，髋骨碰到硬板床就痛楚不堪，还不断发出吱吱咯咯的声响，但尴尬显然掩盖不住我内心的恐惧。

第三天吃完午饭，我疲惫地躺在床上想补眠，突然室友开口了："刚刚你有听清楚葛印卡唱颂的第三句吗？"咦，不是禁语吗？怎么说起话来了？我迟疑了一下，才小声地跟她说我没留意。然后，我们就开始讲话了。

我知道违反了禁语的规定，但她问我为什么每天晚上都睡不着的时候，我再也忍不住把心里的不安和恐慌告诉她。她静静地听我讲完，站起身对我说："咳，你知道并没有死亡这件事的呀！一个人之所以要离开今生这个身体，就是因为这辈子的学习已经告一段落，想搬家，换另一副身体继续学习其他课题啊，你不应该痛苦不安，而是应该为她回向祝福才对。"我点点头躺回床上，紧憋着的那口气，松开了。

接下来的每次内观，我的身体空了，我意识到自己是宇宙里一颗有意识的微尘；念头生起时，无论出现的影像是痛苦还是快乐，我都生起平等心，不与它们认同；偶尔大嫂的影像又飘进来，我就为她送上祝福，观想她迎向光，充满爱。

有一天中午，我躺在床上午休，看见室友把床板当桌子，双膝跪在地上，窸窸窣窣的不知道在写什么。等我睡醒起身，她便拿着两张写得密密麻麻的卫生纸给我，跟我说："这是葛印卡用梵文吟唱佛陀法教的中文翻译，你今天再听就会知道他在唱什么了。"我惊讶地问她："你懂梵文呀？"她的脸马上红了起来："我不懂啦，我只是在视频上看过，把上面的中文字幕背下来了。对不起，我没带其他纸来，只好抄写在卫生纸上给你。"

我惊讶得讲不出话，赶紧伸出双手接过来。如果不是对佛陀、对修行真

《地藏经》里描述
"南阎浮提众生，
其性刚强、难调难伏"，
我这个众生很容易自以为是，
凡事都想做到完美才罢休，
当然部分原因
是希望给自己一个交代，
但心里未尝不是想在别人面前
表现自己的厉害和优秀？

正发过宏愿，是绝对不会这样做的。她只有初中文化程度，但写字出奇地工整漂亮，还能一字一句地把佛陀的法教全部背诵下来，反观我，一点心都没有，只是好奇跑来体验，她的学历比我低那么多，心志和品性却是我怎么也比不上的。打破禁语戒规，对不起内观中心，但真心感谢上天安排她与我同房，引领我一步步地走出灵魂的暗夜。

这是室友第一次参加内观，已经参加过一次的先生这回特地来当法工，陪妻子修行。我总是看到他用关爱的眼神远远地看着妻子缓步进出禅堂。室友跟我说，他们夫妻俩相约好了这辈子一起同修，先离开的人，要在兜率天门口等着，等两个人到齐了，再一起进去听弥勒菩萨讲经说法。室友身体羸弱，牙齿掉了好几颗，没钱做假牙，明明是我自己鲁钝没听明白，她却总是笑着跟我道歉，说自己讲话不清楚，会漏风。

我后来知道，他们夫妻俩每天清晨四点就起床打坐两小时，然后梳洗吃早餐，每天的早餐都是一个白馒头配一杯豆浆，吃完之后就一起开着小货车出门摆摊卖杂货，靠着非常微薄的收入，把两个孩子栽培到大学。夫妻俩共用一部手机，平常只以"脸书"的messenger对外联络，其他通讯软件都不用，跟我联系也从不多话，重点讲完就很客气地下线，绝不攀缘。

他们诚挚邀请我们夫妻去南部屏东家玩，不但把最舒适的房间让我们住，还因为怕我热，特地花钱买了一台冷气机，甚至不做生意，宁可损失两天收入，陪我们到各地景点去观光。我坚持请吃饭，他们只好接受，却买了好几包当地特产要我一定收下。他们没有多余的钱买书阅读，就上网找资料自己进修，更把在网上研读过的好文章下载放大字体，额外花钱印成一本寄到台北给我，因为他们希望我也一起受益。

心里一直想着一个高阶的灵性导师，会让人变强，常忆想一位让你敬佩又很愿意效法的人，同样能使你内心喜悦，充满能量。在名师身上我学到了知识，但在实修的人身上，我感受到了佛法的精髓。一个修行好的人，不是让你觉得他很厉害，高高在上，距离很远，而是在你靠近他的时候，感觉很温暖，很自在，甚至不自觉地自动端正心性。"一百只猴子"的道理说得真对，只要影响少少的一百人，就能产生质变，感动少数，就是整体。我相信他们也一定同样影响着接近他们的每一位朋友。

我喜欢朋友间的交心，也积累了足够的生命经验，允许我了解自己的心性。

在美国雪士达山旅行的时候，有天晚上静坐，我突然意识到我的自信，其实有很大一部分是任性和自以为是。我总是把注意力放在一心想要达成的目标上，却忽略了人与人之间最重要的"两相成全"，我用百分百的毅力完成我要做的事，却选择不受其他感情因素的影响和牵绊。目标导向对想要事业成功的人很重要，但合乎理性、逻辑不见得都是对的，因为人是感情动物，需要被关怀、被肯定、被谅解，用强大的意志和战车赢得天下，只会让天下人怕你，却不会有人爱你。以前读美国"股神"巴菲特的自传，他说他这辈子最安慰庆幸的事，就是他七十多岁了还有人爱他。

我年纪轻的时候，不太明白这是什么道理，但现在我知道，有人爱你、心里常有你，是幸福。

2017年

在张掖"戒掉做自己"

故事讲回至开篇。在张掖，我买了两千株树苗，把树种还给天地！

早就想去西北种树了，但为什么这个因缘要等到离开《悦己》之后才成熟？编《悦己》杂志那几年，杂志发行量不断攀高，用的全是最好的国产纸，卖得越多，砍的树就越多。我曾经立愿把树木种还给这片土地，却一直没兑现，这个愿望在心里埋藏了八年，直到离开《悦己》才又突然想起。去年底，经朋友介绍，我联系上了张掖甘州区林业局工程师张艳珺。我和艳珺从未谋面，所以就先在微信上沟通，她说植树之前必须先整地、填土，还要看天气合不合适，所以我又等了三个多月，直到今年四月初接到通知才赶紧启程。动车加上飞机，整整花了十二个小时赶到张掖。

感谢艳珺悉心安排，让我终于如愿以偿。飞机一落地，张掖就罕见地连下好几天大雨，植树那天，河水水流湍急，水奔流量是平常的二十倍！祁连山一望无际，在寒风、大雨雪中，我包着头巾，手握圆锹，在刚刚整过地的戈壁滩上一铲一铲地挖土，把树苗放进挖好的洞后再一铲一铲地覆土。工人们手脚利落，我则动作僵硬笨拙，还搞得脸上、脚上全是泥巴。西北干旱少雨，栽下去的树苗能不能活下去，得看老天爷成不成全，每种下一株，我就闭上眼睛，默祷大地接受我的谦卑和诚意，让戈壁滩上所有的树苗们都能健康地长高、长大。

说真的，女人一生最揪心的爱情和家庭，从来就不是我这个灵魂为此生设定的功课，我一直拥有家人、朋友的疼爱和支持，我的灵魂课题是：在大众媒体这条主线上，不断地温故知新，并在一次次开创新局的过程中，体验自己。

（是的，如果活得够久，不必算命就可以从走过的生命路径和遇到的考验中，得知你灵魂的规划。）

在媒体圈多年，我认识很多成功的女性，她们外表光鲜亮丽，但关上门，却流着眼泪向我倾诉满腹的愤怒和哀伤。失败最好要趁早，成名却未必，尤其名气背后的竞争压力和孤寂，我不想，也没那个能力承受。她们不都做成自己了吗？不都说着自己想说的话吗？为什么还一直困在情绪里走不出来？为什么还有那么多的忧伤要排解？为什么只是优越，却无法超越？

我也不断问自己同样的问题。

曾经有个欧洲奢侈品集团委托调研公司针对中国30到50岁女性做调查，他们发现一个很有趣的现象，欧美女人跟中国女性一样，都喜欢做SPA，但欧美女性做SPA是为了relax（放松归零），中国女性却多半是为了recharge（充电后再战）。中国女性渴望嫁得好，又要干得好，学校一毕业就进入职场打拼，干得好就可以遇到条件好的对象，万一大龄没结成婚，至少还掌握了职业上的优势，经济独立，结果使"做自己"和"宠爱自己"变成了拳击赛打得火热后的中场休息：为胜利培养战力，胜利之后再大大地犒赏自己。过去我也是这样，但现在，我不确定我那样做对不对。

以前一直在媒体上呼吁、鼓励女人"做自己"、"好好爱自己"，当时我以为"自己"就是我所有情绪的总和，所以愤怒的时候，我就想尽办法给自己减压，痛苦的时候，又赶紧想法子让自己变得快乐一点，但快乐没多久，一件小事又惹得我焦躁起来。情绪变换得太快，甚至分不清心情低落到底是因为自己的关系，还是受了别人情绪的影响。光伺候情绪都来不及了，又怎么心无旁骛地专注在自己想要完成的目标上？如果愤怒、恐惧、委屈、快乐种种情绪都是我，我就应该控制得了它，要快乐来就来，叫痛苦走就走，不是吗？

许多灵性大师都说，人就是因为扭曲，妄见，以为自己独自统治着自行分裂出去的国度，才会生死流转，永无解脱之日，但是要达到"你是我，我是你，我们是一体"这种全然无私的爱的境界，我自忖还得走一段不近的路。幸运的是，在回头审视过去几十年的生命历程时，我发现只要走过"阅己"、"悦己"、"越己"三个阶段，就能踏踏实实地经历完这一生，从半成品淬炼成接近理想的成品。

　　阅己，就是先把自己"阅读"清楚，了解自己到底具备了哪些"原料"，缺这缺那也没关系，要在不足中完成，事情来的时候，没有人是完全准备好的。碰到各种试炼和学习机会都不可错过，要主动争取，如果再受点挫折、失败更好，可以提早更新、盘整自己的筹码；还要多去创造几个"点"，那些点以后便可以拉成线。人生没有一个经验是用不上的，乔布斯当年辍学，留在学校学习艺术字体设计，后来派上大用场，不就是一个很好的例子吗？

　　接着进入"悦己"，也就是"兑现自己的心"的阶段。把所有积累的点连成线，用它去造梦和逐梦；在过程中，不要演，要发出自己的声音，真是自己的声音，就不会有假装和反反复复，会有一致性（如实），也许会痛，但很真，很美，生命在这个阶段会开花，会收获自己的体验和故事。如果实践的梦想对人、对社会都有益，会碰到两种可能的结果：一是你不断完善，把事情做到更好，直到人生结束；二是做完了，没有更多可以再做的，但时间还有，于是你就会开始疑惑……接下来呢？幸运的人自己想通，死不愿离开舒适圈的，就会被拿走健康、财富或是最宝贵的关系，用最痛的方式去领会：

　　人活着不要只为了一点点欲望的满足，而是要为高一点的目标，或为任何能够激发人类、让所有人变得更好的理想去努力。

　　带着这样的觉悟，你就进入第三个阶段："越己"，超越自己。

无论是阅己还是悦己，都还只停留在"为自己服务"，只想自己，只为自己好的阶段。人不管是为情、为钱还是为权力，都是因为不甘心、到死都想争一口气，才会不断回来受苦。只要心里一直想着"我要"、"那是我的"，就会陷入你争我夺、你死我活的烦恼痛苦中，想解脱，只有一个办法，就是少想自己，多想别人，从"只为自己服务"转为"为别人服务、为公众服务"，才会不再受业力的束缚和捆绑，让我们得以恢复原状，做回清净的自己！

我特别喜欢好莱坞电影《奇异博士》里The Ancient One（古一法师）告诉Dr. Strange（奇异博士）的一句话："我看不到你的未来，但我可以看到你有很多可能性。"我们终其一生都在寻找生命的解答，但答案不见得都是等到或找到的，有时需要靠自己去创造！你知道为什么人都爱听故事吗？听到入神，听到落泪，那是因为每个故事里都有灵魂共同的情感和记忆。我喜欢做个有故事的人，那代表灵魂收获了智慧，而越是害怕的就越要去拥抱、去经验，因为那些故事最刺激，也最动人。

有能力，才有选择的权利，当你具备选择的权利时，古一法师跟奇异博士说："你不能只顾自己的私利，你要把目标放大到社会、国家甚至全人类，这样，你就会得到最强大的力量。"你会变成一条通道，宇宙会把源源不绝的点子、创意、资源，透过你挹注到地球。表面上看，你在奉献，其实你在享受宇宙赐予你的丰盛和华美。

平衡，不是在某一边增加筹码，而是减掉另一边的。

以前，我喜欢复杂、忙碌，但现在，我羡慕简单的人。简单的人最靠近天，单一又纯粹，脑袋线路盘根错节的我注定离开悟很远。年轻的时候不懂，以为好命就是有钱、有事业，可以当主管，做老板，后来才明白，事业、志业、职业都是"业"，事多大，"业"就有多大，唯有通灵（与高我相通）知天命（真正知道自己是谁，这辈子来做什么）才是真幸运，真好命。

学精油时，看到文献资料上记载，有"植物医生"美名的罗马洋甘菊（Roman Chamomile），具有消除炎症，克服感染，安抚，并纾缓焦虑、紧张、愤怒及恐惧的奇效，古罗马战士出征时，会把它放在身上或绑在头上。最特别的是，只要种在罗马洋甘菊方圆五公里内的植物，都能被它疗愈到。真好，只是安安静静地存在，什么都不必做，不必说，就能散放强大的疗愈能量，让周围的每个人都感到幸福。我期许自己是罗马洋甘菊。

失去过健康，才知道无常原来一直在身旁。我不愿等到无常来袭，才发现业力已不可转，才惊觉该珍惜的人和事被我错过。所以我重新恢复十多年前的习惯，为自己组织一个"生命董事会"，找几位我比较有感应的神佛和历史上有智慧的老师一起"联网"，每天睡前问他们：我今天有做错什么或说错什么吗？如果有，您如何建议和处理？然后就静静地等待，直到心里有个声音回答我，就把那些话记下来。每天做一次总结，清算一天的起心动念和行为，隔天该修正的就修正，该弥补的就赶紧弥补。我不

失去过健康，才知道无常原来一直在身旁。
我不愿等到无常来袭，
才发现业力已不可转，
才惊觉该珍惜的人和事被我错过。

在意那个回答是自己想出来的，还是真的从天外来的，只要能从那些答案里受益，就等同于神佛的慈悲、智慧流经我、成为了我。（《秘密》那本书同样也在教人如何透过呼求来获取宇宙的加持和力量。）

　　每隔一段时间就找个关系来修复吧，人生太短暂了，可以珍惜的事太多了，不要因为误解而轻易留下遗憾，但耐心非常重要，只要柔和、无怨怼之心，好的结果会在适当的时机到来。

　　风不能有我，否则就成为飓风；水不能有我，否则就成为洪水。祈愿此刻起的我，如水容万物、不争高，对生命温柔、顺服。

　　所有的发生都是好的，都是对的。

　　All is well.

　　没有一片雪花落错地方。

目录

目录　　第一部

阅己

三十五岁以前，我相信命运是掌握在自己手上的，但到了一定年龄之后，经历多了，就发现，人的生命有限，这辈子的快乐、忧伤，"数量"也是有限的，但它们什么时候来、什么时候走，我完全无法预知。

Chapter 1　职场观色

Chapter 2　情场听声

第二部

悦己

有钱买一柜子皮包，不代表就拥有了一柜子的幸福。一位月入两千和一位
月入二十万的女性，她们渴望幸福、追求人生圆满的权利是平等的，她们
同样怕老、怕丑、怕死、怕没人爱，同样需要被爱、被肯定、被关怀。

Chapter 3　外功闻香

Chapter 4　内功识味

第三部

越己

年轻的时候不懂，以为好命就是有钱、有事业，可以当主管，做老板。后来才明白，事业、志业、职业都是"业"，事多大，"业"就有多大。

Chapter 5　心之所触

Chapter 6　法尚应舍

过去心
不可得

三十五岁以前，我相信命运是掌握在自己手上的，

但到了一定年龄之后，经历多了，

就发现，人的生命有限，

这辈子的快乐、忧伤、「数量」也是有限的，

但它们什么时候来、什么时候走，我完全无法预知。

第一部 · 阅己 · · ·

Chapter1

职场观色

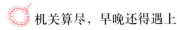

机关算尽，早晚还得遇上

凡是必须学习的功课，不管我们再赖皮，

再抗拒，它最后都会耐心等到你。

"面对那么大的工作压力，你是怎么保持乐观轻盈的情绪的？""不管高潮低潮，你是怎么做个彻底的悦己者的？""职场中你是如何保持一颗悦己悦人的心？"

四五十个像这样的问题，出现在一次下午茶会上。

那是一个阳光特别温暖的周六下午。

九十分钟倾情分享以后，一旁的同事指了指手表，提醒我时间快到了。这时，最前排的朋友突然举起手来："也许今天的气氛不太适合讲些负面的话，但是，听你说话始终这么积极正面，难道你就没有遇过人生低谷？"

看着她的眼睛，我沉思很久。

她让我想起很久以前，只要一有不开心的事，就老分不清楚那到底只是我一时的"情绪"，还是一个"问题"。分辨是有必要的，因为情绪会来来去去，像天上的云；但问题就是问题，你必须不带情绪地去面对它，解决它。后来，这个疑惑终于有了判断的方法：只要我睡一觉，白天醒来心中无事，就是一时的情绪；如果还有千斤重担压心头，那铁定就是不能逃避的课题，得及时处理。后来，我还学会了两件事。第一，只要是我一个人改变不了的，就绝对不多浪费一分钟想它；第二，对任何事绝不预设结果——因为，不该我的，走了就走了；该我的，跑不掉，最后一定会再回来。

看过电影《双面情人》(*Sliding Doors*)吗？女主角本来是个PR高手，有一天被公司炒鱿鱼，只好垂头丧气地回家。但就在走下地铁站的瞬间：一个"她"奋力挤进车厢提早到家，撞见同居男友正和另一个女人在床上亲热；几经辗转，最后她从失恋、失业，变为职场、情场赢家，并在了知完成人生功课之后，经由一场车祸，瞬间离开这个世界。而另外一个没挤进车厢的"她"，改坐出租车，结果在等车的时候被歹徒抢劫，没有及时回家撞见男友偷欢；她一直没有找到合适的工作，只好在餐厅当女侍，最后才意外发现男友背叛，毅然走自己的路，开创自己的人生。门里门外，不过就是那么一秒钟，女主角的生命出现了两个版本，而那两个版本都是为了让她学会"勇敢独立"的人生功课。

不得不佩服这位编剧真是高手，清楚地为我们阐释了宇宙运作的原理："凡是必须学习的功课，不管我们再赖皮，再抗拒，它最后都会耐心等到你。"而"功课"指的就是这辈子最困扰你，也是让你最容易绊倒的障碍，像是总交到劈腿的情人或总在金钱上出问题等等。除非真正学到克服问题的方法，否则宇宙会不断出选题考你，直到你终于学会为止。

这也是为什么我不爱盘算的原因：机关算尽，早晚还得遇上！就是做错决定，陷进低谷，也是上天馈赠的礼物，因为不陷入低谷，你不会甘心沉潜下来，好好看清事实的本质，学到更多的人生智慧。感谢那天下午见面的每一位朋友，谢谢你们给我机会，让我想清楚这个问题。

感谢被丢进垃圾堆的那份稿子

薪资和职位不是用来显示你的贡献有多大，而是告诉你，你的承担必须有多少。

很多人在看了好莱坞电影《穿PRADA的恶魔》以后，都错以为所有的时尚杂志主编都一个样——颐指气使，不可一世。我向你保证，我真的不是。我只有在截稿那段时间，才会变得非常难缠，因为我必须确保文章质量全部达标，而且跨部门的每个环节都接得精准无误。

朋友说我是天生做主编的料，可我告诉他们，我真的不是！我那高效率的工作能力不是生来就有。我是从稿子一直被人揉成一团，丢进脚边废纸桶里开始的。

大四那年，我在一家非常大的报社实习，学做英文新闻编译。实习生，没人理，你不去烦那些大哥大姐，他们就很感激了。实习了快两个月，我还是像个隐形人，坐在办公室最里面的小角落，每天低着头，用眼角余光瞄见主任看也不看就把我认真译写的稿子，全给丢进他脚边的废纸桶里！随时可以跟他鞠躬结束实习的，可是我每天还是厚着脸皮去捡被他丢掉不要的外电来翻译，然后再学别人一样把稿子放到他桌上。

我每天都这样做，一直到两个月快结束了，我站起来走到正低头忙碌的主任桌前。他头也不抬，说："你不必问，我们从来不用实习生的稿子。"我的眼睛立刻发热，泪水在眼眶里转个不停："我知道我来实习很打搅您，也从没想过您用我的稿子，我知道您每天都很忙，但是如果您有一点点时间，可以看看我翻译的那些稿子，教我怎么改进吗？谢谢您。"他抬起头看我一眼，闷闷地哼了一声。

第二天，我一走进办公室，发现桌上整整齐齐地放着一大沓皱巴巴，显然是从废纸桶里捡回来的，帮我用红笔改得很仔细的稿子。坐我前面的姐姐回过身对我眨了眨眼："这篇外电主任要我交给你，好好翻译，明天见报。"我涨红了脸，兴奋得写了又改，改了又重抄，办公室每个哥哥姐姐都转头来偷偷对着我笑。从那天起，我的翻译稿天天见报，而且一毕业就被他们招进报社上班。后来主任更鼓励我转进采访组去磨炼吃苦。当然，我又是从被骂白痴、漏新闻，然后稿子被丢进废纸桶里开始。

一直过了好几年，我成了报社部门主管，老主任才跟我透露，当年他对所有来实习的学生都一样，但只有我肯坚持到最后，而且面对打击还是照样积极乐观，充满热情。

他跟我说："从一个人打的第一份工，就可以看出他的职场未来。技术可以改进，但心态却影响人的一生。"尤其二十几年职场经验更教会了我一个道理：你用什么心态在职场上做事，就会用那样的心态过一辈子。如果在职场上不脚踏实地，好高骛远，你的婚姻和人际关系就会常常触礁，反过来说，如果你把每件小事都当成最重要的事用心做，你的人生必定稳稳地掌握在自己手上。

真要感谢各种各样的怪老板和不合理的公司，因为他们让我们有机会不断找到自我突破的方法，然后把那些经验转化成一生最宝贵的资产。你当然会逐步爬升，但请一定要有耐性，要给自己更多磨炼的时间，而且永远都要记在心里：薪资和职位不是用来显示你的贡献有多大，而是告诉你，你的承担必须有多少。

没有职场强人，只有真心努力，期许自己一天比一天更好的人。

感谢我人生的第一份工作。

我们以为自己喜欢某种工作，
其实自己并不具备那种天赋和才能，
只是想过那种生活而已。

万一兴趣不能糊口，怎么办

有没有可能那不是"天命"，

而只是我们的"欲望"？

有封信闪进了我的信箱。

短短五行字："现在的工作让我烦心不已，来自人事上的压力、工作上的烦心……真想有一天能像悦己女人那样，活得自在、活出自己想要的人生。可是每当想放弃的时候，就会被很多东西牵绊：金钱、名声等等。总归一句，就是放不下。希望真有一天，我能实现自己的梦想，做很多自己想做的事……"

放下手上的外套，我又坐了下来，早过了下班时间，亲爱的，你不回家，没去约会，还在灯下写这封信给我。想必你好心烦，烦到要赶快找个人说说话。

像这样的信，我收到好多好多！多到让我心疼。为什么女人总是那么容易把自己关进牢笼，反复来回地折磨自己？

我常想，该怎么告诉你，生命其实对每个人都充满善意，为每个人都做了最好的安排。

请闭上眼睛，问自己一个问题：

假如把"必须赚钱"和"别人怎么看我、说我"的恐惧都先抛开，你最想做的事是什么？

看见了吗？你脑海里出现的那个画面就是"线索"！甚至才是你真正的"天命"！只要跨出去，你就注定走上你的天赋之路，该来的机缘全会陆续在你身边出现。

但是，你敢迈步走吗？

你也许会说，你就喜欢画画啊，没了钱，要怎么生活呢？

这个担忧，著名的人际潜能先驱Ken Robinson在一本叫*The Element: How Finding Your Passion Changes Everything*（《让天赋自由》）里，给我们点出了一条路。

"万一兴趣不能糊口，我们不见得必须丢开一切，砸下每一天的每一分钟。如果能做自己喜欢也擅长的事，即使一周只有几小时，其他时间做的事也会变得更有意义，甚至还可能促成你难以想象的转变！"

我也对他提出的另一个观点有切身同感。他说："我们往往必须脱离最熟悉，也是最安全的地方，才能进入更适合我们发展的环境。"尤其，进入"天命"（天赋之路）的收获必然是丰厚的，因为你做的是自己最擅长，最能专注，也最有热情的工作。只是，"在收割之前，你或许得先克服坚如铁石的阻力"。你要问自己："愿意付出多少代价？"

我们还必须坦诚地问自己——会不会一直向往做某些人的工作，以为只要努力，就会跟他们一样成功？如果肯再深入一点，对自己再诚实一点，会不会发现，我们其实并不具备他们那种天赋和才能，而只是想过他们过的那种生活而已？有没有可能那不是"天命"，而只是我们的"欲望"？

请先安静，问自己这几个问题。

我们工作不只为了有钱生活，更重要的是发挥专长创造"彼此相互帮助"的价值。好比比尔·盖茨发展微软产品让大家使用，但他必须买农人栽种棉花，工人纺织，商人设计好的衣服穿，经济链上的每个环节都需要我们不同的贡献，我们也只有做自己最擅长的事，才有办法经过努力，成为那个行业里最好的。

亲爱的，请做你所爱吧！只有做最擅长的事，我们的创意才会像水龙头，一开就有；热情才会像火山，熊熊燃烧。

 我找的工作，必须让我感动才行

一百年后，现在死硬坚持的事，还是
那么重要吗？

好友的女儿去年初辞去工作，她说她很"不快乐"，感觉自己活着的目的，就是天天拼业绩、帮老板赚钱。她从学校一毕业就进入这家跨国精品公司，五年连升三次职，钱是赚到了一些，但感觉自己好像掉进流沙坑，不断地下陷，还经常做噩梦。她说，她已经被老板逼到快发疯，那种很快就无法胜任的恐慌，比银行账户不再进账更叫她害怕。辞职以后，她放空、旅行了好长一段时间，最近听说跟着几个朋友一起办身心灵课程，虽然才刚起步，但前几天读到她撰写的课程介绍，字里行间流露出来的自信和快乐，却是我以前在她身上从没见到过的。

最近在台北一家专卖环保心灵CD的专卖店，还碰到一位很懂得向顾客推荐好作品的能干女店长。26岁的女孩声音亲切活泼，我们聊得很愉快，也分享了许多音乐和经营上的事。她在这家专卖店工作两年多了，薪资不高，却照样做得很开心，问她现在物价这么高，难道不想去找份薪水更好的工作。她回答得很快："我找的工作必须让我感动才行。"我心里一震。

直到结账的时候，她突然压低声音跟我说，其实，下个月她就要转去一家规模很大的殡葬企业集团上班了。我惊讶得一下接不上话。原来，上个星期，她跟已经在这家公司服务多年的好友，一起去探视了一位临终的老太太。当见到朋友和老太太家族之间的温暖互动时，她心里像有一百支竖琴同时拨弹起来，回家哭了很久。第二天，她就跟朋友说，她要加入这个让她更感动，也更能帮助人的行业。尽管有种猛然"跳针"的感觉，但让我讶异的是，原来，现在已经有那么多年轻人不再只跟着钱走，而是敢跟着心走！

我想起了在Kahlil Gibran的书 *The Prophet*《先知》中读到的一句话："工作，是一种看得见的爱。"

想必你一定问过，自己是谁？来这趟人生到底为了什么？工作的目的又是为了什么？充满智慧的答案很多，但唯一使我深深信服的只有一个，"就是为了爱"。我坚信我们活着和工作的目的，就是为了服务这个世界的所有灵魂。游手好闲或只为钱工作，只会使我们四时不分、痛恨自己的环境，并远远偏离生命的价值和航道。 所以，我常常跟年轻朋友说，如果你不喜欢你现在的工作，那么，就去找你喜欢做的工作。因为，最适合你的工作，将是一种"爱的活动"。

在这个世界上，每个人都能在群体里找到自己的位置，做着最适合自己的事。工作不该被账单逼迫着去做，不该仅仅为了填满时间、胃和口袋而做，更不要非dream career (梦想职业) 不做，人就是因为太执着于非追求到dream career不可，才会一直闷闷不乐。现在有什么能力、机会，就先做什么，并深深投入和喜爱正在做的事。这样，我们的爱就会流动起来，心里也会安静而满足。先跨出欢喜接受的一步，日久，实力自然倍增，宇宙也必定会不断向前推你一把。

有时，明明已经做到喜爱的工作了，却常常因为过度坚持己见，而"咽不下这口气"，结果让合适的工作变成一场噩梦，甚至精神折磨。

我坚信
我们活着和工作的目的，
就是为了服务这个世界的所有灵魂。

但职场就是道场，我们都得学会退一步想：一百年后，现在死硬坚持的事，还是那么重要吗？

我很喜欢这个定义：快乐，就是"此时此地、无事可烦、无事要做、无处要去"。

当你已经做着最适合自己的工作，你就已经在你应该在的位置；当没有了那口怨气，你就已经处在最和平、宁静的此时此地。

这，就是再多钱也买不到的幸福。

 有压力？你做的还不是你喜欢的！

现在大家说的"压力"，

非常近似佛法里说的"苦"。

我有个朋友，不爱为人工作，却可以一天看五部电影，连看三十天，还说这是她发现的最棒的"减压法"。她是一个著名的影评人，照理说看电影是她的工作，而任何事一旦变成每天都得交差的"例行公事"，就是压力。偶尔看一两部好电影，很享受，但要成天坐在黑乎乎的试片会里，连无趣的电影都得聚精会神地观看，恐怕你我都很难同意这是一个乐趣。

除非……除非那是她最热爱做的事！

我想起几年前去土耳其伊斯坦布尔参加一个年会，全球一共有一百二十个人参加。所有人被分成六个组（每组都用历史上战功最显赫的勇士来命名，比如让美国白人骑兵队闻风丧胆的印第安战士Red Cloud、法国圣女贞德及印度阿育王等等），每组都必须倾尽全力，通力合作，以无比的斗志和智慧谋略，一起解决当天抽到的棘手问题！

分组讨论的时候，我注意到说话最有力量的那些人，点子真像水龙头，一开就有，好像拿到通往云端的password（密码），随手一抓就是好材料。经营管理学上的"创意形成N步骤"，对这类人绝不管用，不仅创意一步到位，而且讲话时，肢体语言非常丰富，感染力十足，甚至还能够带动、激发其他队友的想象力和创造力！除非带着百分百热情，并且做的是他最爱、最拿手的事，否则无法有那样的远见和续航力。

除了进行跟业务相关的研讨，会议还另外安排了一个workshop（研讨会），请来知名的人力管理大师Marshall Goldsmith给大家上Leadership（领导力）的课。有趣的是，Marshall上完三小时的课以后，特地请在场所有的女性主管都留下来。他说，在这个男性主导的世界里，女性是特别辛苦的，他教大家在遇到来自男人或人际上的压力时，用两个方法化解。他举的两个例子，一个是禅宗里面的故事："和尚背美女过河——事情处理完就放下"，另一个是庄子里"无人的空船

（Empty Boat）"——把任何压力冲突都当成"无人的空船"，一点都不需要发脾气。

我不经意看见有人眼角泛出了泪光。

我觉得现在大家说的"压力"，非常近似佛法里说的"苦"。佛法教人离苦得乐，也许可以这么解释，就是远离压力，回到平静喜悦的状态。大部分人遇到冲突，多是不自觉地出现情绪"反应（react）"，而不是等冷静思考之后，再做"回应（response）"。当然，人本来就不是一种逻辑动物，深受个人好恶左右，所以很容易就让情绪做了我们的主人，甚至身不由己地去做那些一点都不热爱做的事，以为那是"宿命"（或义务？）。

但是你知道吗？做你自己不喜欢做的事，就是在给你自己制造压力；不喜欢你所处的环境，担心你目前的关系，讨厌你现在的工作，你会连带地不喜欢你自己。

人生历练丰富的好友，曾跟我分享他多年以后的观察和心得。他说，走在"成为自己"的路上，一点也不费劲。宇宙赐给每个人不同的才能，就是为了让我们用来贡献和服务他人。只要你找到并真诚接受自己的天赋，跟着内心的画面和兴奋走，它就会源源不绝地为你溢注前进的动力和热情，也一定会让你一生富足。

那年，伊斯坦布尔心灵悸动犹在。

真心祝愿你走在"成为自己"的路上。

我觉得现在大家说的"压力"，
非常近似佛法里说的"苦"。
大部分人遇到冲突，多是不自觉地出现情绪"反应（react）"，
而不是等冷静思考之后，再做"回应（response）"。

没遇到职场导师，也很恭喜

有机缘遇到 mentor，很幸运；

没遇上，也很恭喜。

先前的公司有个不错的人事制度，只要新人入职，公司都会指派一位资深同事当他的学长，还赞助1200元供学长请新人吃饭、喝咖啡，介绍公司各部门状况，帮新人更快融进公司文化。效果虽然不错，但日后如果在工作上碰到难题，学长们却不见得各个都能给出最好的建议，因为有些问题，只有更高位阶或具备更丰富人生、职场历练的人，才有可能给出睿智的解答。

找到一个好导师不容易。我有位朋友，有幸找到他们公司的前执行长当他的职场导师，不用说，他很容易就成为最懂公司策略发展和人事生态的高手。问他为什么独受前执行长青睐有加，他说，纯粹是因为多年前，他和他的前执行长一起在一家小公司里共事，当时他只是个小小的实习生，发现公司有个部门小主管非常优秀，人品又好，所以就时常和他在一起，还常常主动跑去帮那个小主管的忙。

后来，那个小主管跳槽到另一家大公司，虽然他没跟过去，但两人还是一直保持非常好的关系。许多年后，才华过人的小主管，一路擢升到CEO，而就在他退休的那一年，我朋友也被挖角到那家公司任职。后来的几次重要升迁，他都因为背后有高人指点，很快就坐到大家羡慕，却又实至名归的位置。比起当年不知道找导师或只懂得攀关系、巴结上司的同辈，我这位朋友无意间"长期投资"了一位贵人，不仅在专业上突飞猛进，更在导师的刻意栽培下，拥有了丰沛又可观的人脉。

朋友有个观点，我非常赞同。他说，导师的专业素养固然让我们获益良多，但导师的人品是最要紧的，因为那才是我们受用一辈子的宝藏。他说，专业技术可以自己不断改进，但品性却必须长期熏陶，潜移默化，有了厚实的内涵和底蕴，我们才会培养出高人一等的气度，而气度决定了一个人的高度。

我还有一位朋友，是航空界的一号人物。他告诉过我，有一回和台湾台积电董事长张忠谋同桌吃饭。当年的他年轻气盛，对张忠谋拥有的高评价很不以为然，他认为自己从哪方面条件看，都不输给这位"台湾半导体之父"。可一桌饭吃下来，他说，他真是彻底折服了！张忠谋的谈吐、风度，分析事情的角度和人生境界，无不让平常就爱高谈阔论的他，哑口无言，打心里赞叹不已。他说："年轻的时候，要是有幸请张忠谋先生当我的mentor，我今天的成就绝对不仅于此！"

但是，没有导师，职场就注定是苍白的吗？

亲戚的儿子学IT，今年三十岁出头，年底就要应聘去伦敦工作，他进职场快十年，从没碰到过仰慕的职场良师，这个男孩很遗憾地跟我说，如果当年有人可以指点他，他就不会白白浪费四年去日本念书。可是他却是在日本结识了聪慧的未婚妻，刻苦的留学生涯，更让他从养尊处优的小少爷，蜕变成为一个成熟、独立的男人。不需任何高人指点，"生命历练"就是他最好的导师。

在家有父母，在学校有老师，但是进入职场碰到困难，你能找谁伸出援手，指点迷津？

职场升迁有捷径，但成长没有捷径。如果抉择是别人为你做的，成就就不是你自己的。心里想着一向仰慕的前辈，也会使你变强，失败过几次，也能教会你以经验为师。导师只是职场过来人，是一次次的大小战役，才厚积了他今天的能量和高度。

有机缘遇到mentor（导师），很幸运；没遇上，也很恭喜。让"生命历练"当你的导师，因为你将有很大的机会，成就超越你的mentor！

 太负责任＝不负责任

我们总是过多承诺，又做太多。

最近，有个朋友使我对"过多承诺"和"做太多"这两件事，有了不同的想法。

这位朋友是个能力不俗又充满活力的女人，她热爱工作，乐于在职场上冲锋陷阵，成就动机特别强，于是公司其他部门的人，都把不愿意做的事全丢给她，反正她每次都说Yes。她未婚，也没太多社交生活，就是跟朋友聚餐，也是电话讲个不停或不断低头滑手机。你说她对每件工作都乐在其中，好像也不是，因为她私下的抱怨也不少。

几个月前，她几近崩溃地把工作辞了，还郁闷生病了很久，因为有个本来不归她负责的案子，被对手竞标成功，她成了众矢之的。虽然这种事情在职场上很常见，可是，以她的经验和聪明，怎么会没料到这种事也可能发生在自己身上？

承诺（揽）过多，不仅远远超过我们自己的能力（实力），套用一位我很敬重的同业长辈的话，"贪多嚼不烂"。但我这位朋友不过就是成就动机强，肯多负责任、多表现，只是，把自己弄到卧病在床，似乎严重了点。

一直到后来，她才肯跟我透露她不想公开讲的理由，就是她打小就非常渴望讨好、迎合身边的每个人。从她的父母开始，她无不费尽心思，要周遭的每个人都喜欢她、接纳她，所以拼上健康、拼上所有应该好好休息的时间，都在努力完成超负荷的承诺，以为这么做，就不会让别人对她失望，不会失去大家对她的好评和看重。不安全感支配了她一辈子的性格，只因为她错误地以为她不值得别人的爱，除非自己先付出。

我发觉女人容易倾向以为别人拥有她没有的力量，生怕自己被人拒绝、孤立，所以就想先满足别人，让别人高兴，而不是把自己摆第一位。不敢爱自己、做自己，以致承诺过多，接下太多不该接的事。

不单是上班族，假如你是主管，做太多还会阻碍部属的进步。试想，当你把别人该做的工作都做完了，他们怎么成长？何况这么做还会让他们对你产生依赖，甚至变成你的一根软肋——善被利用。

我有位好友就曾发生过这样的一件事：她是一家大企业的重要部门负责人，但生性温和，不敢随便开除人。她底下有几名部属，本来该自己做好却老是做不到位的事，她重话不说一句，全部默默接过来做，还挂上他们的名字向上级交差。两三年下来，时间、精力再也负荷不了，只好透过人事部门请他们离开，没想到竟引发那几名下属的委屈和不满，反过来责备她："你以前都帮忙的，怎么现在突然说不帮就不帮啦？"

这句话听起来让人啼笑皆非，但是她后来反省，认为自己确实做错了。不该好强，想让公司觉得她带领的部门最稳定、业绩表现最优异，把本来该那些部属做好的事，全承揽下来、咬牙自己收拾善后，不但掩饰真相、拖垮健康，还白累了那么多年，也没有培养出最优秀的团队。

佛法上说，要"灌溉他人的正面种子"，意味着我们在行为举止上，要鼓励、激发他人，使其最好的一面得以绽放，可我们却往往背道而驰。一行禅师更点出现代的文明病之一，就是"付出错误的努力"，我们总是不断地强迫、推动自己前进，却往往把事情做过了头。

也许，只有在被一个必要的绊脚石狠狠地绊倒之后，我们才会停下来开始思索原因，修正步伐。

 ## 小心被钱"赚"走了人生

为生活赚钱，只是表面的意义，

更深层的意义其实是"还债"。

儿子去加拿大念大学的那几年，我会习惯性地进他房间帮他整理衣柜跟书架。有一次，不经意在他放小学成绩单和画作的箱子中，发现一张夹在旧课本中的作文。发黄的纸上，是他圆乎乎的字，童言童语地说着他心目中的圣诞节：

"一年一度的圣诞节又要来啦！圣诞节是我最喜欢的节日了，因为在这个节日里会收到好多礼物，让人好兴奋喔。不过，我觉得圣诞节的真正意义其实是'给予'，因为在一整年里，大家都只会想到自己，但是一到圣诞节，我们就会记得帮家人朋友精挑细选买礼物，我们会想：他需要什么？他会喜欢什么呢？我想这就是关心，也是爱的表达。但是爱不一定只能用物质来表现，一句爱的话语，一个紧紧的拥抱，就可以使我们的心热热的，圣诞节不过是更加提醒我们：要把爱散播出去。最神奇的是，圣诞节刚好在年尾，因为上帝要我们以'给予'的心，做个结束和开始。不过，圣诞节不光是把爱传给家人朋友而已喔，我们更要把爱散播给每一个认识和不认识的人，彼此互相祝福。我觉得这才是我们过圣诞节最大的意义啦！"

不记得看过他这篇小学三年级写的作文，却记得小学那几年，我带他去香港过农历春节。只要出门，他就跟我要好几个装着二十元港币的小红包，放在手上，一看见扫街的阿婆或阿伯，就赶紧跑上去送他们一个。阿伯阿婆们接过红包，脸上满是惊讶和高兴。我当时觉得他只是好玩，没想到他是在身体力行作文里头讲的"给予"。

这让我突然联想起很久以前，印度瑜伽大师阿瑞亚曾经说过的"赚钱的三个目的"。

阿瑞亚博士说，我们赚钱首先是"为了回报别人为我们付出的一切"。他举例我们身上穿的衣服，是农人在毒辣的太阳下种植棉花，收成，然后经过清洗处理，抽纱，编织，剪裁，缝纫等等才做好的，这些劳动"价值"不可能用区区几个钱就还清。我们付出的那几百元，是它的商业"价钱"，不是它真正的"价值"。我们取走的价值，就是我们对别人的"负债"，是无法用金钱还清的，只有靠付出价值来还。好比我们吃了母亲的奶水，我们无法计算喝了母亲的奶水该还她多少钱，只有用别的方式报答她，比如为另一个生命付出奶水。他说，世界上很多人都在为我们默默服务，我们一生都欠人家的。为生活赚钱，只是表面的意义，更深层的意义其实是"还债"。这是为什么大多数人不愁吃穿还要工作的原因，只是很多人都没有意识到这一点，一直把手段当目的。

从这个角度想，我们心里或许就会少些挣扎，多些平和。

其次，他说赚钱是为了满足人性中"付出"和"分享"的欲望。很多人都会在民俗节日互相送礼物，但为什么要花费金钱送礼呢？因为送东西出去，我们会感到开心。无私奉献的行为让人感觉幸福而富有。而赚钱的第三个目的，当然就是退休以后，有足够的钱让我们全心深入心灵的修行，使我们的后半生不会寂寞空虚，而是充满了生机和创意。

真是感谢上天在年终岁末，一片纷乱的时刻，及时送给我如此美妙的"心灵贺礼"，让我又有新的动力继续前航。

我们不是为了赚钱才来这个世界，小心别被钱"赚"走了我们的人生。

为生活赚钱，只是表面的意义，
更深层的意义其实是"还债"。

休假＋手机＝换个地方接着上班

你烦恼的根源，是你认为非你不可，

却不见得没你不行的事。

最近，我迷上了走路。

雨天，我撑伞走，艳阳天，我戴着墨镜走。我的行进速度很慢，很慢，非常慢。不赶路，不着急，没有人在等我，也不赶着去见谁。走到哪，就是哪。我也让风引领我的双脚，跟着它吹拂的方向行进。

我的脚，第一次成为我全身最有创意的部分。它带领我走过那一天最需要"现身"的地方。地点不重要，行走就是目的。有时一小时，有时四十分钟，周末两小时，更多时候，我失去了时间的计算。

行走的路线不是郊外，不是有山有水的地方，而是闹区里的小巷。

别无选择，那是工作日中午的活动，因为别无选择，所以别有趣味。

修道者说，行走是一种禅定，要专注在自己的呼吸和行步之间，和自己对话，和天地对话。我却尽量把自己抽离，不再我、我、我，而是改用一双"发现"的眼睛，去感受、探索外面的世界。因为，我的生活已经是个充满职场和各式人际关系的闭锁小宇宙，单独行走，是我的突破口，它让我的心再度灌入活氧。

行走中，我第一次惊讶地"发现"，树木是我们地球上最虔诚的生命，因为它们总是无私地给予。播下一颗种子，它却回馈我们数不尽的茂密枝叶（佛陀甚至在菩提树下成道），而且，树木永远举起枝芽，凝望神，祝祷、赞美宇宙和天地之美。行走间，我第一次"发现"闹市里的巷弄，好像我们的内心，既然暂时离不开红尘，那么，就学会闹中取静，身在红尘，却不受红尘干扰。

不停地慢走一小时，体内的马达会从冬眠状态缓缓自行启动。除了冒出一头汗，手脚也跟着红润、温热起来，再连续多行走个几天，就更明显感受到身体开始上下交互活络。但"慢"是要诀，尤其心里"漫"无目的，更是作用的关键。没有必须达成的目标，身体就放松，不紧绷。

只是，当我跟一个朋友说起最近颇有心得的"深度休息"法时，他却促狭地看着我，说："你当真知道什么是'深度休息'？深度休息是不再为任何'正事'挂心，但'正事'又是什么？是你烦恼的根源，是你认为非你不可，却不见得没你不行的事。"

呃，好吧，我同意，好比休假往往只会让人更加忙碌罢了。休"假"的，不是吗？手机划不停，充其量不过就是换个地点、换张桌子，继续上班而已；而且絮絮叨叨的，就是嘴巴不讲话，脑子里还是说个不停，一点都不得闲。不如天天一个人走走路，当然手机别随身带着，就是带着也别打开。那个当下，这世界上谁说了什么都无关紧要，

你烦恼的根源，
是你认为非你不可，
却不见得没你不行的事。

只有存在和你一样大！

要学会独处，而不感到寂寞。万一走着走着，你的脚突然想变换一条从没走过的路，千万别抗拒，冒点险更好。

生活偶尔需要进入一些陌生的情境，才会把我们从一成不变的迟钝、麻木中唤醒。

五月，行走悦己的好时节。

 是的，你不欠任何人你的时间

> 导致失败的关键是想"取悦每个人"。只要
> 活得够久，就会看到每场胜利其实都是挫败。

我喜欢听故事，许多成功的人都善于说故事。

最近有个故事特别棒，是位企业家朋友讲给我听的。

古印度莫卧儿帝国君主阿克巴（Akbar），非常宠爱最聪明的大臣布尔博（Birbal），其他大臣都非常嫉妒，问国王为什么那么偏心？到底他们哪里比不上布尔博了？国王答应找个日子答复这个问题。

有天早上，所有的大臣都上朝了，国王说他要给大家出个题目，然后，国王就在一块板子上画了一条线。他问所有的大臣：谁有办法把我

这条线变短？

如此简单的题目怎么可能难得倒人？于是大臣们竞相冲到板子前，试图把那条线涂掉一截，但国王立刻喝止："你们必须把这条线变短，但却不可以动它。"这下，可真成了一个大难题，再也没有一个大臣敢上前。国王看着布尔博，布尔博二话不说，走到板子前，拿起笔，在板子上也画了一条线。

—————————— 国王画的线

———————————————— 布尔博画的线

"陛下，好了，现在您的线变短了。"布尔博说。

这故事蕴含的人生智慧真是让我惊艳！无论我们做什么，都不需要跟别人争长短，只要把注意力集中于自己的内在，也不必去看别人有什么成就，只要专注地把自己手边的工作做好。我们无法边赛跑，边分神注意旁边对手的进度，只有像射箭一样，全神贯注，听不见周边杂音，才能命中靶心。

我最近和一位饱受爱情煎熬的朋友，分享布尔博的智慧，她一下就听懂了，很快就从对那个男人的恨转向经营自己的新生活。恨与爱是同样强大的能量，但只要想通这一点，就可以很快把打击我们的力量，转化成向前的动力！

我不喜欢竞争，竞争只会消耗我的心力，让我陷入跟人比较和嫉妒的负面情绪里。生命太短暂了，我宁可多读一本书，也舍不得把时间花在和我生命目标毫无关系的八卦上 。心理学家说，我们总是把百分之八十的力气花在忧虑未来上，但我们担心的事，百分之九十以上都不会发生。如果把那些力气花在为自己创造更多、更美好的事物上，我们的成就一定不止于现在。

翻看这些年来写的所有要目跟标题，我发现我实在是个无可救药的"悦己狂"——比如 "戒不掉做自己"、"只工作，不上班"、"只要快乐，不比赛"、"好运没躲着你，多练习就有"、"是的，你不欠任何人你的时间"……我只专心画自己的线。

我不知道成功的最大关键是什么，但我知道导致失败的最大关键是想"取悦每个人"，甚至"踩在别人头上"。(只要活得够久，就会看到每场胜利其实都是挫败。)

很多人习惯说"公平竞争"，我始终没搞懂，"公平"和"竞争"是两回事，为什么会放一起？我喜欢"不竞争而成功"。

艳阳高照，暑气逼人。

让我们一起保持内在的清凉。

导致失败的最大关键是想"取悦每个人"。

只要活得够久，就会看到每场胜利其实都是挫败。

乐当"怪咖"：被记得，好过被忘记

人人都"正常"的社会，其实不正常。有能力掌握命运，跟才华无关，而是与你承担的勇气有关。

生活中，你一定遇到过一些无法用常理解释的人。这些人只活在自己的世界里，用自己的特殊逻辑处理问题，用自己舒服的方式过日子。在众人眼里，他们是怪胎（weirdo），纵使受人批评、调侃，却还是照样活得自在，有腔调！

谷歌上说，weird（怪咖）这个词源自古德文wyrd，意思是having the power to control destiny，这简直就是超能力！说它超能力，一点没错！乔布斯、马云就是超级大怪咖，不仅改写自己的命运，还改变了别人的。要知道，人类之所以一直向前推进，就是因为在不同年代，都会出现"无法忍受一成不变，又有能力改变"的怪咖！

被说"怪咖"，其实是赞美和荣耀！意味着你不作假、不戴面具，别人看到的，就是你本来的样子，你不讨好任何人，也不在意别人喜不喜欢你，你专注于自己的梦想，照着看见的心象落实生命蓝图，把别人不敢想象的，变成了现实！人人都"正常"的社会，其实不正常。怪咖对世界很有贡献，少了敢冒险、爱创新的怪咖，这个世界就会丧失改变的活力和动力。

承认吧！我们心里或多或少都羡慕怪咖，因为他们敢做自己，敢最大化自己跟别人的差异。而且，怪咖有很强的感染力，在一个团体中，只要有个人挺身讲真话，说出想法，就会马上起带头作用，让周边的每个人也跟着热血沸腾起来，知道自己其实可以变得很勇敢！

但非得有顶尖才华，才够资格当怪咖吗？当然不是。

有能力掌握命运，跟才华无关，而是与你承担的勇气有关。

最近有个朋友跟我说，某个算命老师算得特别准，她无事不算，还叫我赶紧也去试试。但我想，算得准实在不值得高兴，表示你活得很平庸：叫你晚婚，你就晚婚，叫你别换工作，你就不敢动，人生像一本摊开的书，还让算命师当了你的上帝，这也未免活得太胆小、太恐惧了！所以我跟她讲，这辈子只想打安全牌，也行，只要不去羡慕别人活得比你还精彩。

造物主是很有创意的，绝不会像盖模子一样，把人简单分成几类就算完工了。70亿人应该有70亿种把世界变得更美好的方法，偏偏我们老是看低自己，自我设限，等别人先行，还自我暗示"我办不到"、"别人都比我强"，宁可乖乖待在舒适圈，也不相信自己天赋异禀。

宇宙给了我们一个无限创造的机会，鼓励每个人运用想象力，去创造自己想要的世界，但我们总是把生命过小了，只有怪咖好好利用了这个礼物，玩得不亦乐乎，走自己的路，改变现状，活出最精彩的自己。

人生苦短，与其随波逐流、庸庸碌碌，不如决心当怪咖！从现在开始，不要再隐藏你的梦想，更别管它在别人眼里有多荒诞，要勇敢讲出来，努力实践它！

我们为何"卑躬屈膝"

强势其实是内心软弱的一种自我防卫，

不是真的自信。

如果有人要你用几个形容词形容一下自己，你会怎么回答？

我曾经对全国二十二到二十八岁，收入学历中高水平的轻熟女进行过大调查。这份调查清晰呈现了中国新女性的新面貌。

在经过交叉分析后发现，中国这个年龄段的女性不仅比其他年龄段女性更加敢于挑战传统权威，懂得爱自己，勇敢追求生活享受，而且自我价值感大幅提升，对自我实现的渴望远高过上一代。虽然对职场升迁依旧倍感压力，不过却有超过四成的受访女性形容自己"快乐幸福"，然而，被勾选最多的却是"独立"和"自信"。

一提到自信，一般都容易把它误解成强势，但强势其实是内心软弱的一种自我防卫，不是真的自信。观察一个人有没有自信，我们通常都用一些简易的方法测知，比方看他是否总是从容不迫，焕发自然神采，眼神是否始终清明笃定，积极亲切。

但是最近读到一个故事，让我发现自信的另一种表情：有位修行很高深的禅师，信徒和他的弟子们都认为他已经开悟得道了，而他自己也这么觉得。有一天，皇帝要到他的禅院向他请法，就在皇帝和众大臣踏进山门的那一刻，静心等在禅堂里的禅师发现自己的手心竟然冒出汗来！他当下一惊，知道了自己虽然多数时候都是平等心，可一见到有权势的人却还是很紧张，还是有攀附的心态。第二天，他关闭禅院山门，重新潜修，多年后才真正开悟。我对自信的定义和平常心比较接近。我欣赏不论遇到什么人、什么事都泰然自若和淡定的那种状态。我离开悟很远，但我觉得一个自信的人，应该是无所欲求，做的和说的都发自平等心和无我的真心。对于比我们弱势的人，我们容易表现平常心，但面对比我们有权势有地位的人，我们却往往在心态上容易卑躬屈膝。

自信与不畏惧有关。畏惧，是因为怕失去所爱，失去好处，失去已经牢牢抓在手里的优势和幸福；自信的人正相反，不是因为他没有恐惧，不怕失去，而是他不在乎恐惧，该做的还是去做！

SELF，是"大我"的状态，与小写的self"小我"不同。"小我"只为自己盘算，只求自己发达，但"大我"却是天地一心，大家一起快乐繁盛。一个有big heart的女人，可以自我解嘲，真心赞美比她优秀的女

强势

其实是内心软弱的一种自我防卫，不是真的自信。

性，也可以勇敢公开承认自己所犯的错。

无所畏惧使她自信，她深知恐惧会偷走她的生命力，所以她让勇气大过恐惧。你的生命是个大舞台，你是女主角，你自己创作脚本，创作自己的独白。保持这样勇于承担的无惧心，你的未来肯定精彩！

我们为何越活越累

"言多必失"不单指话多容易说错话，
还意味着"话多会流失宝贵的能量"。

好友来找我。才一年多没见，她原本丰盈光亮的脸庞，竟然变得非常黯沉，整个人也消瘦了不少，让我看了大吃一惊。

我一直很欣赏这个朋友，因为她在灵性成长上非常精进，而且乐于慷慨分享。不仅热衷参加各类大大小小的成长课程，还介绍很多朋友阅读发人深省的好书或是观看充满能量的视频。这么活泼热情的人，现在却一脸愁苦地出现在我眼前，对我诉说她这一年多来的"怪异变化"。

她说，她突然再也不想亲近任何大师的经典，以前只要重读那些书，每次一定都会冒出让她意外惊喜的新洞见，现在却连再看一眼的兴趣也没有了；过去出版社找她为新书写序，她都热情帮忙，因为可以第一时间读到尚未出版的灵性创作，现在却全都推掉了；更糟的是，打坐坐不住，心烦气躁，做什么都不对，生活莫名其妙地陷进"厌倦又无聊"的恶性循环中。

"我以前能量高到可以两天当一天用的！可是，"她把身体缩成一团，蜷曲在我的沙发角落，"已经好几个月了，我情绪越来越低，越活越累……"

突然，我眼前跳出一个画面——一部电池早已满格，底座却还继续插在充电器上的手机！不仅一直在消耗无谓的电力，还严重减损着电池的寿命！我赶紧反问我自己：我是不是也跟她一样，电池满格了，却没拔掉插头？我们不断朝人生目标大步前进，可是却很少警觉有没有用力过猛。油门踩死不放，车子一定加速报销，人也是一样，但现在，没事发呆，什么都不做，反而让我们有种负罪感。我们不断兼程赶路，甚至设定多少岁之前就该完成哪些计划，却不甘心停下脚步歇一歇，喘口气。

社交媒体更使我们对外在世界的好奇越来越大，一有什么八卦，都忍不住要睁大眼睛、竖起耳朵。尽管心理专家说，谈论八卦有助放松心情，但真要仔细想想，那些事情大多都跟我们没什么关系。"言多必失"不单指话多容易说错话，还意味着"话多会流失宝贵的能量"。从瑜伽的角度，人一生的寿命长短，是由呼吸次数决定的。（你可以感受一下，每说句话，耗掉你几次呼吸？）

我们很少过滤进来的信息，任由它们充塞早已拥挤不堪的大脑。但信息并非知识，更不都是有益心灵的养料，有的只会让我们的心变得更焦虑、更浮躁。那么，我们的好奇心，是不是应该限制一下？

　　禅修多年的美国建筑师、畅销作家Sarah Susanka用十二种征候来判断我们的内心是否平静。这十二种征候包括"对批评他人失去兴趣"、"对批评自己失去兴趣"、"对冲突失去兴趣"、"对解读别人的行为失去兴趣"，还有"失去担忧的能力"（这是相当重要的征候）、"越来越倾向任由事情自己发生，而不是促使事情发生"、"对诸事满怀感激"、"总是露出微笑"以及"越来越容易接受别人的爱，并忍不住把爱再传出去"……从这些标准来衡量，我们无疑都是热锅上的蚂蚁，连美好的心灵探索之旅，都可能变成一种自我折磨的痛苦。

 你是否也祈求过地球毁灭

　　不但太阳依旧升起，她还要赶着去上无聊的班，
　　继续烦恼孩子的功课，愤怒老公劈腿。

　　是的，它没发生。

　　过了那个许多人不停喧说的2012年12月21日。一个星期之后，我终于

等到有个深信此说的朋友，愿意打破"尴尬"，跟我打了个电话。

"我本来很期盼人类可以在那一天来个'集体意识大扬升'，重新'归零'，一切从头再来，但却什么事儿也没发生，不但太阳依旧升起，我还要赶着去上无聊的班，继续烦恼孩子的功课，愤怒老公劈腿。"她的声音苍白又无奈，"唉，我得承认，我很惆怅，因为逃不掉，我最后还是得回过头来面对自己的问题。"

哇，假如是用这样的心态祈求世界毁灭，重新洗牌，我的老天，您真英明，没让人那么轻易地就得逞。

不愿承担责任，使我们很容易倾向不断逃避问题，甚至把问题归咎于外在环境，或怪到其他人头上，好像我们自始就是那个最值得同情的受害者，而且坚信自己永远都是好的，是对的。假如不认清真相，把"自信"建立在这个天大的误会上，我们自以为的"信心"很快就会被摧毁。

我们常在嘴巴上说的自信，不是我们在职场上有多能干或做人有多厉害，自信必须建立在一个坚定的信仰上，假如在生活中，我们从没坚持过任何一个信念，我们的自信就等于搭建在浮沙上。除非你把你相信的事（不需要很大，比方不吃动物的肉，或不说谎，或不乱买不需要的东西，甚至只是每天运动一小时……）变成你生活中的一个routine（力行不辍的习惯）和discipline（戒律），而且不管在任何情形下，都绝不妥协、动摇，那么这样的自信才算有了坚实的基础，也才能帮我们做成任何我们想做成的事。（你看历史上所有在"外在世界"成功的人，哪个不是先在"内在世界"战胜人性中最难对治的摇摆和惰性？）

真要能够不费吹灰之力，就让别人来帮我们买单？这等好事，恐怕连神仙都抢着自己来，哪轮得到你我？但反过来说，我们其实才是最勇敢的灵魂呢（请马上打开电视，看看世界新闻）。这个连神仙都不敢来的地方，我们竟敢一马当先，自告奋勇地跑来，不正意味着我们意识扬升的机会比神仙还大？

只是大家领略、表述的方式不太一样：

从2012过后到今天，我看到大约出现四种反应。第一，嗤之以鼻，这都是好莱坞电影造的谣嘛！反正我从来也不信。第二，唯恐天下不乱，还想利用人的恐惧心理，编造下一个可能的时间。第三，长吁一口气，如释重负，然后抱头再继续做他的人生大梦，追求名、色、财、食、睡。（说到这里，我最近领悟了什么才叫做"自由意志"。自由意志不是指我们自己决定爱干什么就干什么，而是要不要、什么时候要黄粱梦醒。时间自己填。）

但如果你已清楚地知道今是昨非，摒弃小我贪婪私欲，早就为了2012先行调整、对焦至"更往内、更充满爱"的新生活，甚至那几天在半梦中瞥见从出生到此刻的所有记忆倒带（犹如进入死亡中阴身）。那么，恭喜你，你其实已经登上"方舟"，在肉眼看你依旧，意识却已扬升的灵性次元里，开启了新天地。

这是我遇见的第四类人。

是的，它发生了！

你拿什么签证到地球

> 我们这辈子到地球来，就是一次旅行。有人持"工作签证"，有人持"学生签证"，有的甚至只是拿单纯的"观光签证"……半夜时你是否惶惶问过自己："我的天命是什么？"

"在每家公司都待上个三五年，才算是稳定性高的成功职场人吗？要是像我这样，两年内，每几个月或半年就换一个工作呢？这表示我没有定性，注定将来不会有成就吗？"

有个苦恼的朋友问我。

我想了一下，告诉她："未必。"

如果只是天天准时上下班，"不少做，也不多做"，欠缺学习热情，又不想继续成长，待久又怎样？反而勤换工作，表面上看来好像没定性，三心二意，却有可能是因为这个人不放弃自己，不断从不同的经验中认清自己、了解自己。

我有个朋友的儿子就是这样的。

他不是学校毕业却不去工作赚钱的"啃老族"，只是没有固定工作，经常听他转换跑道，有时去跑船了，有时去做电商卖衣服了，有时又跑去西藏做志工了。他母亲经常抱怨这个儿子靠不住，没出息，但我提醒她："这个儿子很努力，更没有多花家里一毛钱，懂得自食其力，比起只抱怨，却不努力的孩子，你这个妈妈可有福气了！"

这个男孩让我想到，很多年轻人学校一毕业，都只想着"我该进哪一行才能赚到更多钱"，而不是"我这辈子到底想过什么样的生活"。

让我告诉你为什么后面那个问题更重要。

最近，一位长辈朋友只身去地中海旅行，途中，遇见一个土耳其男士，他也是一个人从圣托里尼搭船、转机到伊斯坦布尔。巧的是，一路上他们的座位都被安排在隔壁，本来互不搭讪的，但我这位长辈朋友觉得这是缘分，所以就主动攀谈，这才发现，这位男士原来是土耳其航空的机师，送父母去圣托里尼玩，相聚几天之后，爸妈继续留在圣托里尼，他则回去工作。

朋友好奇地问他为什么选择在天上飞来飞去，他说，大学毕业时，他问自己想过什么样的生活，答案是"看遍全世界"；那么，做什么样的工作可以马上实现这个愿望？他灵光一闪：

"成为民航机驾驶员！"

于是，他跑去学开飞机，学会之后，因为经验不足，就去应聘印度尼西亚一家廉价航空的驾驶员，月薪只有几百块美金。许多人笑他傻，但他一干就是三年，之后转到土航，继续过着这辈子最想要的快乐生活，赚钱，只是为了帮他满足他想完成的人生学习。

朋友听了非常感慨，因为他已年过七十，参加地中海游轮旅行前半年，就不断去针灸、推拿，为的就是要增强腿力，而且上了船之后，还不敢参加每天晚上精彩的海上娱乐活动，非得睡上八个小时不可，免得隔天下船走路没力气。退休前，他是个非常成功的企业家，忙到没时间度假，等积到了一笔让他安心养老的财富时，已经垂垂老矣。

他年轻时的梦想就是环游世界，但比起那位三十出头，却早就实践梦想的土航机师，套句老友的话："我现在只是在执行'生命清单（bucket list）'，拼命'赶进度'！"宇宙把那位土航机师安排在他身边，帮助他审视自己的人生，这段神奇的缘分，帮他领悟到这辈子始终没想明白的事，是个大收获，可口气里依旧还是有点时不我与的遗憾。

于是，我跟他说了说我的想法："我们这辈子到地球来，就是一次旅行。有人持'工作签证'，有人持'学生签证'，有的甚至只是拿单纯的'观光签证'；既然每个人的入境理由都不同，就不该用同一种标准来限制或规范。比如，你要一个拿观光签证的人努力工作，他必定做得不好，因为他只想不断跳换生活经验；要是鼓励一个拿工作签证的人多多玩乐，他一定惶惶然，半夜做梦都在问：'我的天命是什么？'你做大老板，就是拿了工作签证，养员工还债，为社会造福，等还完了，老天就赏你毕业旅行，让你玩到玩不动为止，所以，要用感恩的心迎接，不要用赶进度的角度来看。"他听了哈哈大笑！

什么？你说我想象力太丰富？我不介意。人生本来就是一本不算太厚的旅行手记，我宁可一次抓一个主题，玩到尽兴！

请掌握签证有效期限，Bon Voyage（一路平安）！

 如果生命只剩14秒，你会写什么

别像我！你不要犹豫，不要害怕，想做什么
就赶快去做，要用一百度燃烧你这辈子！

记得多年前参加一个心灵论坛。台上讲师提到当年日航空难，机师沉重地告知所有乘客，很遗憾，飞机马上就要坠毁了，他请乘客在仅剩的十四秒内，做好准备，赶快用纸条留话，跟家人告别（后来找到的两张，被一家著名的保险公司做成非常感人的广告）。

那位讲师要大家假设，如果是你，会写什么？

话语一落，灯光瞬间暗去。我听见很多人开始啜泣。十四秒一到，灯光打开。她要大家互换彼此写的字条。

没有人交代保险箱密码，什么东西要留给谁，全部都是跟家人说自己有多爱他们；而我在那紧迫的十四秒里，竟想也没想就写给儿子："别像我！你不要犹豫，不要害怕，想做什么就赶快去做，要用一百度燃烧你这辈子！"

看着仓促写出来的歪歪扭扭的字，我浑身颤抖，泪流满面。

我常跟朋友讲，到老了，坐在摇椅上回忆往事的时候，我不会后悔年轻时做过什么，只会懊悔当年什么事没来得及做。很多人害怕做错决定，但什么都不敢做，就会连一半成功的机会都没有了。想得越多，就做得越少，人生短短几十年，我宁愿冒险，也不要原地等待，也许我会因此跌更多次跤，但我不怕，因为我一定会创造出好多好多让自己成长与感动的故事。

是的，我喜欢自己是一个"有故事的女人"。

之前，有位读者写信给我，她在信里说：

"最近我迷失在选择里，迷茫到不知道哪条路才是正确的。我害怕错过，害怕失败，害怕浪费，害怕错误，害怕吃苦，害怕被嘲笑，害怕对不起家人……多希望选择之后就不再纠结。很多人说，如果当时我做了另一个选择就好了，这样的遗憾，让我很有同感，但既然你已经选择了这条路，就只能往前走了。

"申请学校，完成学业，工作，责任感和繁重的压力扑面而来，生怕一个不小心就选错了路，做错一个决定，会不会一发不可收拾，浪费时间和金钱，也许正因为这种不确定性，才让人有所活吧。如果生命一下掉到无底洞，任谁都会害怕，但还是有许多人从底层爬了出来。难道该怎么做才能避免错误，是我一辈子都得思考和害怕的难题吗？"

她的信让我想起有一年去印度一个ashram（静修处）进修，负责报到手续的出家人照例问我一个问题："Why are you here？"我停顿了一下，回答："I want to experience myself."他低头轻声重复"experience myself"，若有所思，一抹笑意浮上他的脸颊。

《心经》里面有一句："心无挂碍，无挂碍故，无有恐怖，远离颠倒梦想。"

我总是把这句话反过来体会，翻成白话的意思就是"因为无所冀求，不算计，所以心里没有负担；因为认清生命本质，没有痴心妄想，所以心灵安详不觉恐怖。"我一直用这句话提醒自己，因为我知道，唯有这样的理解和领悟，我们才能意念清明，脚踏实地，不至于茫茫然，虚度短短几十年的生命；也只有用这种无挂碍的心，我们才能纷纷踏上天赋之路，用真心和强大的行动力去实践我们的梦想，在大限来临之日，可以仰天无愧地说："这辈子，我来过！活过！"

生命之所以太完美了，是因为它让我们有机会去经验什么是美、丑、善良、邪恶，光明和黑暗，更教会我们什么叫做心碎，而毫不逃避、全部都经历过的女人，才有资格称为"有韵味"的女人。

趁着还有时间，赶紧多去冒点险，犯点错吧，你会知道造物主有多么爱你，让你用你自己的方式去体验、探索自己！但千万记得犯错不是为了要从错误中学习道理，你只要单纯地去犯错，去感觉就好。"感觉"

我常跟朋友讲，到老了，坐在摇椅上回忆往事的时候，
我不会后悔年轻时做过什么，只会懊悔当年什么事没来得及做。

才是你最好的老师（不是别人的批评或眼光），无论你升起的是愤怒感、惭愧感还是受辱感，都很好，都很棒，因为那些感觉会让你明白你的能量在什么地方必须被平衡。

还要保留一点不予人知的伤心记忆，把它留存在心里偶尔回味，它会让你更珍惜眼前拥有的一切，甚至只是当下那一口清凉的呼吸。

一位好友在我去年陷入灵魂暗夜的那段时期，写了一段话给我：

"我只能说，老天爷真的厚待你，天堂与地狱一起送给你。一直以为你只有天堂，好像缺了什么。人的一生很短，总要活够本，而你已经活得比常人多了好几倍。"

"我常跟朋友讲，到老了，坐在摇椅上回忆往事的时候，我不会后悔年轻时做过什么，只会懊悔当年什么事没来得及做。"是的，有了天堂的经验，我们也需要体会地狱的感觉。一直活在天堂，会很无聊，因为你会少了该有的活力和清醒，唯有经历过地狱，人才会变得谦卑，也才能真正领悟、感恩活着的甘美。

悦己很难吗？

只要有豁出去的勇气，一点都不难！

这辈子该怎么活，才算没有白来

人生的巧妙，在于"不全靠努力决定一切"。

高额存款、高社经地位、身体健康、家庭美满……任谁都可以很快填进一百个答案，但是，最近刚认识的两位朋友，却让我第一次清楚意识到，无论为自己建构什么样的生命蓝图，我们都不能害怕自己得过的这一生。

第一位朋友是孙采华，她最近出版了人生的第一本书，帮她写序的名人，一年只帮两个作者写。这位名人虽是她大学时期的老师，却对这个学生毫无印象，而孙采华又是怎么让这位名人愿意为她执笔，甚至出席她的新书发布会呢？告诉你下面这个故事，你就明白了。

孙采华大学快毕业的时候，很多广告公司都去她学校演讲。有天，去了奥美广告的业务总监。据她描述，那个总监不太笑，也不像其他公司的人那么客气。他一上台就说："我今天来演讲，其实只是讲给一个人听的，你们班上五十几个人，只有一个人进得了奥美。"

哇，她说，那开场白真是太牛了！

一演讲完，只有她当着全班面，走上讲台问他：我想去面试，请问我要准备什么？那位总监面带笑容，和蔼地递给她一本奥美广告公司创始人大卫·奥格威的书和一张他的名片，请她读完书打电话给他约面试。

孙采华其实知道，在走上讲台的那个刹那，她就已经被录取了，因为只有她敢当众表达自己有这个意愿。她说，人生的巧妙在于"不全靠努力决定一切"，时间、场合和多那么一点点的勇气，就足以改写命运。至于自己是不是合格进奥美，或者万一上台被糗怎么办，她什么也不想，只是"伸手去拿了那个看起来很好吃的大苹果而已"。

孙采华在奥美只待了一年，因为她说，她遇到了一个大男子主义的主管。但那一年，她学到了一箩筐的好东西，直到今天还常常用到。三十岁只身去纽约创业，开Wild Lily tea room（野莲茶室）时，她就自己包办了所有的文宣。

她说，她的勇气在常人眼里，也许有点过头，"但我只是把心里看见的画面，执行出来而已"。所以，这也就不难理解，为什么她后来会狠心把经营十年、获得《纽约时报》推荐、政商名流频繁出没的tea room收掉，半点绘画基础都没有，就领着一家人移居杭州、北京学画，从成功的商人摇身变成画家，今天还甚至成了作家。

另一位朋友是Victoria许心馨。这位奇特的女子同时拥有数重身份：企管顾问、花精专家和萨满。几年前，她"看到心像"，一股热血促使她毅然脱去高薪的企管顾问角色，转而学习花精，还拿到执照，疗愈了一个又一个需要帮助的人，不为图利，只做五年。看她现在的衣着，仙气飘飘，气场安稳恬静，任谁都很难想象她过去曾经是个商场女强人。至于下一个角色会是什么，她笑了笑没回答，显然这不是一个需要花脑筋想的问题。她充分信任直觉，心里无惧，每次采取行动，就为自己再造一次人生高峰。

许多人以为所谓的"倾听自己内在的声音"，是听见脑袋里有个声音在跟自己讲话，但这两个像战士般，不断勇敢实践的女人，却都说，那其实更像一个"画面"，一个"持续看见自己正在做什么的画面"。

我们普通人常常因为害怕，所以小心计算得失，以至说得多，做得少，但生命勇士很少想到自己，他们专注心像，并一再把看到的画面变成现实，所以精彩不断。

生命从不亏待任何人，全看你有多勇敢、多想要拿到那颗大苹果！

 别怀疑，你对这个世界的贡献大极了

如果这辈子，我没权没钱也没势，只能平淡过一生呢？

活这辈子，非得有权有势，才有能力影响人，影响这个世界？

朋友的奶奶改变了很多人的想法。

老奶奶二十年前得了老年痴呆症，变得谁都不认识，连亲人都形同陌生人，在安养院一住就是二十年。

上个月，老奶奶过世了。追悼会那天，所有子孙辈都出席。本来只是一场很普通的告别式，没想到，神父一席话，让在场所有人都惊诧而又感动不已。

神父说，老太太对这个世界是"非常有贡献的"，虽然她没有半点名气，只是一个很普通的妇人，可是，她孕育了整个家族。没有她先存在，就没有台下今天各个事业有成的后代。得病前，她尽本分育儿持家，没有一天玩忽职守，就连失智那二十年，都还在努力恪尽此生最后一个"任务"——保持呼吸，供二十年来去探望照顾她的家人，不断学习"耐性和爱心"。

听到这里，我心里简直震撼极了，鼻子红了，泪水在眼眶里不停打转。

我不认为那是因为神父口才好，刻意给家属讲点安慰话。老奶奶一生的价值，我们每个人活着的意义，都在那番话里得到了答案。

中国人常说"天生我材必有用"，我觉得那个"有用"，说的不见得只是事业有成，或具备什么了不得的大才干。只要活着，我们都在不断地为这个世界和其他人服务，没有一刻不在发挥我们此生的功能。尽管有时是用一种自己不知道，也很匪夷所思的方法，对其他人起作用。

以前，我喜欢亲近对我好的贵人，因为他们总是带给我幸运和快乐。谁让我委屈、气恼，我就避之唯恐不及，还痛恨他们为什么惹我。但是，人生经验多了点以后，才发现贵人反而使我停顿，变懒，把什么都视为理所当然；将我推到困境里的人，却惊醒我，让我不断思索那件事为什么会发生在我身上，该怎么化解，整件事到底会教会我什么。比方遇到比我慢的人，我不骄傲，因为他在教我"耐心"；遭受被污蔑的难堪，我不生气，因为他在教我"忍辱"；碰到让我火大的人，我不动怒，因为他在教我"放下"。少了那些让我从挫折中坚强起来的"老师"，我的人生就会过得自大又无趣。

衷心感谢"贵人"让我享受被爱的幸福和快乐，但打击我最重，淬炼我心志最不手软的"对手"，却激励我此生灵性成长，是最爱我的"亲密战友"，体会后的收获，真是终生受用。

当然，像我这种悟性一般，个性又极端强烈的人，一旦被挑起，情绪还是难免波动。但是很快的，我的脑海会自动弹出一个画面，那是这辈子过完之后，与今生扮演我"对手"的同伴们，一起在天上快乐地喝咖啡，他们拍着我的肩膀，促狭地笑着说：恭喜！幸好你那时过关了！就差那么一点，好险呀！

只要一想到这个画面，我连睡觉都会笑出来。

谢谢老奶奶，您透过您的孙女，也教诲了我。

Chapter2

情场听声

我是丈夫一辈子的"女朋友"

婚姻到后来其实更像"精神合伙"，

而不是"肉体"和"附属"的关系。

没结过婚或离了婚就叫"单身"？

答案是"不一定"。

大学一个要好的同学跟先生离婚，可是两个人却照样每天住在一起。白天她跟前夫各忙各，但买车一起商量，换房彼此交换意见，和正常夫妻没两样。问她为什么不干脆跟前夫再结一次婚，朋友说，没那张证书，两个人反而变得好相处，谁都不会再理所当然地叫另一个人做这做那；讲话都用商量的口吻，做任何决定都会认真地听对方意见，不再像离婚前两天一小吵，三天一大吵。简直棒极了，为什么还要跟他再结一次婚？

十一年了，他们恩爱更胜以往。

是的，她过婚姻生活，她"单身"。

相交多年的好友调侃我："你多年前放下老公一个人跑到北京工作，一个月见一次面。你儿子说你是'快乐的、已婚的单身女人'，你老公更爱逢人就说你是他女朋友。"我笑了出来，想到每次跟他搭飞机，空服员过来问："何先生，何太太？"我就会马上轻声更正：

"不，我是陈小姐。"他早就习以为常："对，对，对！她是陈小姐，是我女朋友。"

十几年了，他到现在还是这么说。

是的，我有丈夫孩子，我"单身"。

别误会，我不是想用这样的例子教你向另一半彰显自主，我想说的是，婚姻无法改变我们是独立个体的事实。婚姻到后来其实更像"精神合伙"，而不是"肉体"和"附属"的关系。

两人世界让我们学会了关怀，耐心和付出，但如果想听见内在的声音，你必须暂时离开"我跟那个男人的关系"，进入到"我和我的关系"里。否则你的头脑里全是"我们"、"他"、"他跟我"，就容易忘记"自己"是算数的，是存在的；一旦感受到自我价值全系于另一个人的好恶，你的恐惧和不安全感就来了。

所以，进入两性关系之前，我们最好先练就"单独"的能力。不然只要他一离开视线，你的心就会焦躁猜疑起来。重要的是，你将只想从他身上要东西，不会觉察自己其实更有力量给予。

学会独处，你就与自己相遇。经常处在"中心"，你会生起一种喜悦和自信的感觉，那是因为聒噪沉淀了，不安止息了，这种安定的磁场，会让他反过来更喜欢亲近你，跟你在一起。

鼓舞你热烈拥抱爱情，敞开心扉尽情享受激情的浪漫和滋润，但是，你能不能只是"单纯地享受爱情"就好？让结婚成为自然的结果吧，不要把它当成进入爱情的目的，不然你享受不到"真正的爱情"，还会变成"算计"，很快就会走味。

结婚以后，也请不要放弃"单身状态"，你要给自己留住一片天地，不管外在世界翻腾，你都依旧保有自己的芬芳。

现在的男人也跟过去不一样了。风趣大方，个性独立的女人对他们更有吸引力。他们喜欢女人撒娇，但不喜欢被黏太紧，他会喘不过气，最后变成怕了你；真心爱你的男人也会尊重你，婚前婚后都接受你偶尔也有"需要单独完成的事"；当彼此有了这样的理解和爱，你们的关系就会安住在最愉悦、最舒坦的状态中。

我爱"情人"

情海浮沉，我们不断与"自己"相遇，每个有缘的"恋人"都是帮助我们成长的"贵人"，没有这个认知，进出爱情，我们将需要很多好运。

很多人觉得过节很俗气，可是，拨开所有节日的商业包装，你会有很多不同的感受和发现。

转眼就到的西方情人节，我喜欢它的概念，喜欢情人在这一天彼此深情相拥，情意绵绵，更爱整座城市被甜蜜浪漫围绕。

我有不少女性朋友其实早对甜言蜜语、鲜花巧克力免疫，但是当爱来敲门的时候，都还是宁愿一头栽进去，因为只有爱情才会让人充分地，彻底地享受爱人和被爱的快乐。

不记得最后一次情人节是什么时候过的，一个连结婚照都没拍的女人，对婚姻恐怕一丝幻想都没有。当然，年轻的时候也对爱情有过浪漫憧憬，常常幻想所有惊天动地的爱情故事全让我碰上。

然而，生命的奇妙却在经历了几场热恋之后发生了⋯⋯

有一天，好像脑袋里的灯泡突然被点亮，我看见——爱情从头到尾根本是幻象！

一直以为全心，全灵魂跟爱我、我爱的完美伴侣相恋，但真相却是——我爱上的根本是我欣赏和期待拥有的某种人格特质。

每回一陷入热恋，我都用崇拜的眼神，深情望着我的"情人"，天真地以为只要和他在一起，我就会完整，甚至用尽方法占有他的所有关注和时间，生怕完整的自我会再被撕裂。那种依赖，让彼此窒息。

等生命阅历多了，渐渐地，性格中原本认为欠缺的那些部分发展了，爱人身上的那份特质我也有了，我看清自己火所以爱恋，是因为他们身上有着我渴望开发的心灵能量，于是，宇宙很快就让我离开原来的迷恋状态。我明白了每个出现在我生命里的男人，都是被我内在的呼唤感召来的，他们来帮助我开发性格中隐藏的另一种美好特质。

从小，我就一直很容易被和自己相反的人格特质吸引。好比内向的女生，会爱上开朗的男生；散漫不羁的女人，容易喜欢上勇于承担的男人；蛮横任性，就会对一个温柔专注的对象倾心……我们认为自己没有对方那种特质，他是我们的"另一半"，但事实上，我们早就有那个部分，因为我们不可能认出我们没有的东西，我们只是没去开发它，没有让我们里面的阴与阳相遇，不认清这点，一旦爱情不幸逝去，哀恸生命残缺的你，会再度进入迷茫寻觅的痛苦轮回。该怎么改变？只有享受那份爱情的同时，让自己也发展出对方身上那个我们深深爱恋，却依旧沉睡在灵魂里的能量，才能够在爱情的试炼里茁壮成长，并学会感恩每个进入我们生命的男人。因为无论后来是苦还是痛，他们的美好特质都曾经流向我们。保持这样的觉知，我们的爱情将是一场被宇宙祝福的盛宴。

相信自己早已具足，我们就能平衡；停止依赖，我们就能享受独处；知道施与受同等重要，我们就有爱人和被爱的能力，否则除了不断从对方身上强取他的能量和所有，我们还能冀望在这个关系中为自己圆满什么？

情海浮沉，我们不断与"自己"相遇，每个有缘的"恋人"都是帮助我们成长的"贵人"，没有这个认知，进出爱情，我们将需要很多好运。

情海浮沉，我们不断与"自己"相遇，　　。
每个有缘的"恋人"都是帮助我们成长的"贵人"，
没有这个认知，进出爱情，我们将需要很多好运。

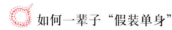

如何一辈子"假装单身"

无论结婚很久还是单身，看起来总是生
气蓬勃,快乐又充满活力的秘诀是什么?

在开这个月"单身万岁"选题会的时候，我写了满墙大纲，忽然一个意念袭来，我转身问在场所有编辑一个问题："光从外表，你怎么判断一个女人结过婚或单身？"立刻，答案像连珠炮一样满场飞射。"结过婚的女人啊，眼神沉滞没火花，皮肤暗沉，法令纹深，步履迟缓，没有活力，没有好奇心，身材变样，不化妆，穿衣服不讲究，邋里邋遢……还有，还有……"同样一句话老是重复讲好几次。

言下之意"以上皆非叫单身"。

大概看我脸色开始变难看，马上就有人接着说："总监，一定很多人都说你看不出结了婚！""你要是跟人家说你结婚了，他们一定说打死都不信！""真的耶，不骗你啦！"此起彼落。

她们一定不知道已婚而且是已婚很久的女人通常有个本领，在发出问题前，常常早就胸有成竹，视状况还可以紧接着再问一个绝对让老公答不上来的问题。我把这个功夫用出来了。"那么……"我一个字一个字地说，以确定不会重复讲两次。"无论结婚很久还是单身，看起来总是生气蓬勃，快乐又充满活力的秘诀是什么？"

果然一下没声音。

看着一双双作努力思索状的眼睛，我丢出了一个连自己听了都吓一跳的答案："不跟所有的'身份'认同。"

当时，涌现在脑子里的画面和讯息是，女人一生会拥有很多社会为我们设计好的"身份"——妻子，母亲，女儿……只要一进入任何"身份"，我们就会马上套用社会赋予那些"身份"的思维方法和行为模式，让我们从此和生命其他好玩的可能性说再见，永远都跳不出"身份"加在我们身上的强大制约。只有不跟"身份"认同，我们的心才会再度流动起来，看待事情的方式才会打破既定框架，美妙的创意才会源源不绝，世界才会永远有趣多变化。从头到尾，我们都只需要记得自己只有一种身份—— 一个真诚美丽的灵魂。其他"身份"都抛开，模式都不套用，只以这样的觉知进入每种关系里。于是，我们不再陷入"妈妈"的高压严厉，"长辈"的老气横秋，"情人"的黏腻执着，"女儿"的压抑束缚，"部属"的谨小慎微，"妻子"的依赖控制……转而随时处在新鲜的状态，完全投入，完全可爱，完全自由，完全当下！而那种新鲜的状态，就是全然的快乐和解脱！

那天晚上我很兴奋地把这个新"发现"跟好友分享。她频频用力点头，若有所思。好几分钟过去，突然，她眯起眼，小心翼翼地问："那我可不可以只保留一个'房东'的身份？不然我会忘了去收房租。"

和大脑谈恋爱，还是和男人谈恋爱

我们跟大脑谈恋爱，难妥协的是自己，

但怪到另一个人头上总是方便得多。

亲爱的，如果你正在谈恋爱，那么，下面的故事你看了之后，一定很有感觉。这是一个关于青蛙和蜈蚣的故事：

"青蛙和蜈蚣是一对非常要好的朋友。有一天，蜈蚣去找青蛙玩。他一直敲青蛙家的门，青蛙虽然在家，却一直不肯出来开门。蜈蚣在门口等了三天三夜。最后，青蛙终于把门打开。蜈蚣气炸了，开口就骂青蛙：'你明明在家，为什么不帮我开门？'青蛙看着蜈蚣，一脸无辜地说：'我正在想你呀，看到你，我怎么想你呢？'"

这故事其实是我一位朋友的教材，她专教小朋友哲学。不用说，这一定是她从成人世界里体验到的微妙人性。我觉得把这个故事拿来比照今天盛行的远距爱情，特别有意思。

最近有个朋友的状况，活生生就是这个故事的翻版。

Joyce在欧洲工作好几年，两个多月前调回国。可是回来没多久就跟我诉苦，说她对未婚夫的感觉，不知道为什么变淡了。本以为终于团圆，天天见面，感情应该更加浓烈才对，可是万万没想到，天天见面以后，不仅容易为一点小事吵架拌嘴，关系也变得像喝温开水一样，淡而无味。

分开那三年多，她每天想念那个男人，只要一想起他，或听见他在电话那头的声音，心里就有种"酸楚又甜蜜"的感受。那个男人飞去看她，十几天，两情缱绻，恩爱浓得化不开。那段时间，只要工作一不顺利或孤单，未婚夫就是她最好的心灵寄托。显然Joyce非常享受那种bittersweet（甜中带苦）带来的浪漫感；那是一种伴着心碎的相思，像灯下独饮，浓郁又带着点寂寞难耐。可现在，她没有机会再出演那个"内心戏"了。看着坐在对面，那个几年来一直朝思暮想的男人，她觉得无趣，觉得和他相见不如不见。

我不禁开始怀疑，难道恋爱的感觉真的只在我们的大脑里发生？很多时候，老公外遇，妻子都是最后一个知道，尽管在旁人眼里，迹象早已经非常明显，却偏偏我们总是拒绝相信他会背叛（或疑神疑鬼，幻想他有外遇）。而女人也比男人更容易以为自己可以改变对方，因为我们在脑海里，一直深印着一个完美情人的形象。

我们不断寻找符合那个形象的情人，甚至想把身边那个男人改造成我们想要的样子。但是有一天，爱的感觉突然不对了，我们伤心地认为是那个男人变了，但其实很可能只是他不再符合我们的期待，又或者，我们发现了另外一个比他更接近我们的想象的男人。（反过来，男人不也这样？）

我们跟大脑谈恋爱，难妥协的是自己，但怪到另一个人头上总是方便得多。

远距爱情更是充满了戏剧性的张力，尤其没有结局的爱情最让人揪心，一辈子深刻难忘；反而对一直默默守在身边的人，我们却总觉得好像少了那么点刺激和想象。

Joyce爱跳独舞。

但愿你的爱情是双人华尔兹。

 ### 趁荷尔蒙失效前，赶紧善用"情"和"爱"

爱情真的像她们说的，只是一对傻子的游戏，

或纯粹只是荷尔蒙作祟？

滚打情场多年的朋友，在情人节又将来临之前，说了一句话："爱情？爱情有什么好迷恋的，不就是一个傻，一个痴嘛。"另一个名人朋友，在跨进五十大关之后，突然就此厌倦谈情说爱，宣告不再跟男人纠缠不清。她说："不是我受够了，而是我停经了，再也不受女性荷尔蒙作祟了。"

但爱情真的像她们说的，只是一对傻子的游戏，或纯粹只是荷尔蒙作祟？

最近，我乘坐游轮旅行，随手带了一本新书上船：*The Synchronicity Key*。在碧海蓝天下展读这本书，真是无比舒心、畅快，它把我旧版的

意识刷新了，让我对"宇宙意识的运作规则"及"人类能量（包括情感、情绪）的源头"有了前所未有的洞见。

先不谈宇宙意识是怎么运作的，作者David Wilcock根据许多科学实验报告指出，宇宙最简单的存在是"光"，也就是科学家所说的"光子"。一个光子可以储存远超过我们想象的信息量，包括能制造出任何一种生物体的完全基因代码。光还会为生物提供一种非常珍贵的生命能料来源，让生物体保持生机与健康。换句话说，人类其实是"能"类，每个人都是"光"的组成。

最惊人的证据发现，宇宙"存在着肉眼看不见的超级智慧"，它能使光从一点传到另一点，也就是说，你只要想着某个人，甚至想着一个活的生物样本，无论多么遥远，都会自动在你的身体和注意力聚焦的那个生命体之间，创造出一条通道，让光立即通过。光不断提供生命力的原始来源，但另一股力量则会塑造光，并引导光穿越那些隐形的通道，而能够把这种会形塑和引导光在不同生命体之间传输的力量，就是爱！

爱，是非常活跃的力量，它制造出类似通道的隐形结构，使光能被传送到不同的地方。我们有意识的想法会创造出这种通道，而那个想法里所携带的信息会被编码进这些光子当中，也就创造出了一种能实现心灵沟通的有效机制。

Wilcock指出，当我们爱恋或疗愈一个人的时候，我们会把自身的光传送到对方身上，不但如此，假如我们对某一个人感到愤怒或生气，我们也会自动在自己和那个人之间创造出通道，并且不自觉地想去吸取对方的光子（能量），但是要实现这一点，我们必须先使对方处在极度不稳定的负面精神状态下，比方愧疚、羞耻、害怕、憎恨等等情绪。如果你意识到有人对你开通这种夺取你光子的通道，最好的自保方法，是让自己一直处在充满爱而且稳定的精神状态中，这么做，就能有效阻绝对方吸走你的光。不单单爱情，在任何人际关系里，我们都可以用这种方法，好好护住自己的生命能量，才不会平白遭受任何损失。

我以前看太极图，只意会到所谓"阴中有阳，阳中有阴，所以阴阳要调和"的道理。当然，看见太极图与"母"字神似，意味着做人要如大地之母般圆融、包容，又是另一番心灵滋味。而Wilcock提出的另一个观点更验证了我对爱情多年的观察和体悟。

他说，大部分男性都需要发展女性（阴性）能量（这我很同意，因为我们一半来自父亲，一半来自母亲，本来就是阴阳同体），并透过与女性交往来学习，而大部分女性会被男性吸引，同样也是为了发展自己的男性（阳性）能量。

基于异性（性质）相吸的原理，谁会让我们学到更多东西，我们就越被谁吸引，比方，温顺、被动，而且有焦虑倾向的人，往往迷上强势、有控制欲而且自恋的人，反之亦然。我们终其一生都在寻找失去（或隐藏起来）的那个自己，如果那个隐藏的自己一直没被开发，我们就会不断被同一类人吸引。

这么说来，荷尔蒙一定是上天刻意放置的，因为想激发我们去寻找灵魂失去的另一半；痴和傻应该也是上天允许的，因为想驱使我们不断完整自己，融合阴阳，回归不二。

爱情果然是上天非凡的设计，是让我们完成自我的伟大创造，但切记，上天的用意，不是要大家利用爱情夺取对方身上的光，而是借对方身上的光，引出潜藏在我们灵魂里，那个同样的美好。

嗯，得趁荷尔蒙失效前，赶紧善用。

结婚，自己和自己的战争

婚姻是我们练习"慈悲和爱"的道场。它不见得
是两个人的战斗，却绝对是自己跟自己的战争。

最近，接连两个女人的夫妻关系，引发了我对婚姻的思考：大多数人之所以愿意待在一段不快乐的婚姻里，是因为对另一半仍有爱？还是对方满足了我们某种功能性需求？

A朋友是优秀的公务员，多年前，另一半辞去工作，陪她一起外放到中南美。返国之后，男方一时找不到合适的工作，于是妻子就帮他租了一间办公室，鼓励他创业，只可惜没有做出成绩来。后来的生活，便一直是女主外，但男人却不主内，反而对灵性修行产生了浓厚兴趣。妻子尽管工作、家事极度紧张、繁忙，却还是舍命陪老公四处上课。当然，时间久了，再贤惠的老婆，也难免心中有怨。

最近，丈夫带两头松狮犬回家，把原本已经不甚宽敞，还早就养着一只猫的屋子，搞得更加拥挤不堪。没跟她商量过吗？商量了，她也同意了，但猫狗一窝，怎么相处？家里变得那么混乱，怎么清理？这些难题，不仅无解，更活生生成了他们现在婚姻状况的写照。

剪不断，理还乱，女方家人主张长痛不如短痛，但朋友只是眉头深锁，却丝毫没有结束这个婚姻的打算。对女儿的辛苦、委屈，做母亲的越看越心疼，打算写一封劝告信给女婿，但娘家亲友却害怕这种做法只会造成反效果，意见分歧，愁成一团。

我问B朋友，这是什么情况？为什么婚姻如此难受，还要继续忍受？她冷静分析：一定是这个婚姻对她有功能性，而那个功能还存在。

什么意思，功能？不是因为爱吗？不是因为还有感情才会维系着吗？

她马上用她现在的婚姻状况来向我解释。

她的先生小她八岁，但六年前中风以后就开始宅在家里，明明医生说可以复健得更好，却不去积极复健，家计全靠她辛勤笔耕，用有限的稿费支撑一家三口的开销。眼看着怎么都劝不动丈夫了，她干脆放弃，从此界定和另一半仅是"共同陪伴女儿长大"的合伙关系，因为她必须经常外出采访，不想把孩子交给陌生的保姆，只有让宅在家里的丈夫陪伴照顾孩子，她才安心。"所以，一直到女儿成年以前，他能帮我照料孩子，让我无后顾之忧，就是满足我现阶段婚姻的功能需求。"换句话说，等女儿成年以后，如果情况依旧没变，她就会寻找另一个婚姻，满足她对下一段婚姻的功能需求。

回看A朋友，虽然外形高大、强势，但内心却是十足的小女人，她的另一半英俊帅气，颇有人缘，可以想象依偎在这样的男人身边，是洋溢着幸福滋味的。或许就是因为这种旁人无法觉察的功能需求，一直都被好好地满足着，才使得所有的不快乐都可以忍受。外人替她着急、不舍又有什么用？

我对婚姻的理想性一向偏高，难免有点不食人间烟火。我一直认为婚姻是我们练习"慈悲和爱"的道场，是帮助我们灵性进化的一种设计，如果对身边最亲密的人都无法忍耐、付出爱，又何苦跟对方签一纸契约，彼此折磨？

但是，看多了无可奈何的婚姻现实，我很难再批评人们从"功能性"的角度来看待婚姻，认为这样是物化婚姻、破坏婚姻的神圣性。毕竟要两个不同成长背景、生活习惯，甚至不同价值观和信仰的人一起生活一辈子，是很不容易的。更何况人都会改变，脚步不一，岂能苛求？

然而，为什么要与某个男人进入婚姻关系？又为什么纵然百般不快乐了，还要继续守着？真正的原因不足为外人道，只有自己知道。

婚姻，不见得是两个人的战斗，却绝对是自己跟自己的战争。

谢谢"旧爱"成就我

我们必须偶尔心碎一下，心碎是
个好兆头，表示我们尽力过了。

好友小咪这个年过得很不开心。因为交往两年的律师男友爱上了另外一个女人。在用光九盒卫生纸以后，她的眼泪终于流干了。

那天，我们约在她最爱的餐厅见面。

这个性情向来火爆，把前任的照片用飞镖射成马蜂窝的女人，嘟着嘴，眼睛肿得像两颗大核桃。"一直到我偷偷看了那个第三者，才知道为什么我会输得那么惨，那个女人跟他笑盈盈地说话，像朵解语花似的。"她的声音低到我快听不见，"我不记得上回什么时候跟他这么讲话了。"

美国畅销书*Eat Pray Love*的作者伊丽莎白·坎布尔说得好："我们必须偶尔心碎一下，心碎是个好兆头，表示我们尽力过了"。我把这句话送给了眼前这个终于看清楚自己的可爱女人，希望她赶紧振作起来，继续过她快乐的日子。

两性专家不断教我们女人，告别（或报复？）前任，最好的办法就是"活得比他精彩"。他们说：疯狂寄情于工作吧，换个发型，买几件漂亮衣服，把自己打扮得美美的，然后赶紧去找个新人换旧人！

　　起初失恋我都用这招，但可惜不太管用。它只让我忙到"忘了想"那个人，不是真的让我"彻底忘记"那个男人。

　　一听到他的名字，我还是好像被雷打到。

　　用另外一招——细数他"万恶不赦"的一百个缺点，像催眠一样，不停地告诉自己，那个臭男人有多么可恶，离开他真是我这辈子做过的最英明的决定！

　　可后来发现，恨他简直比爱他还花力气！

　　终于有一天，我想通了。原来，恋爱不是为了找个人来满足我的公主情结。造物主同时创造男人和女人，就是因为彼此需要对照组。走了几个前任，我总算看清自己依赖成性、控制欲强，并且缺乏独处的能力。够了，我决心改变自己！就这样，一直到今天，我都感谢我的旧爱。没有他们，我不知道自己可以变得这么好！（没错，我们得善用前任教会我们的事，甚至从他们身上看清自己，为什么总是吸引错误的男人进入我们的生命。）

　　这个转变，跟我后来亲近佛法和灵性修行有很大关系。我发现只要我们持续向内观察自己，我们的内在力量就越来越大。（荣格说，往外看的人，是做梦者；往内看的人，醒着。）一旦内在壮大，你就再也不需要"抢夺"另

78

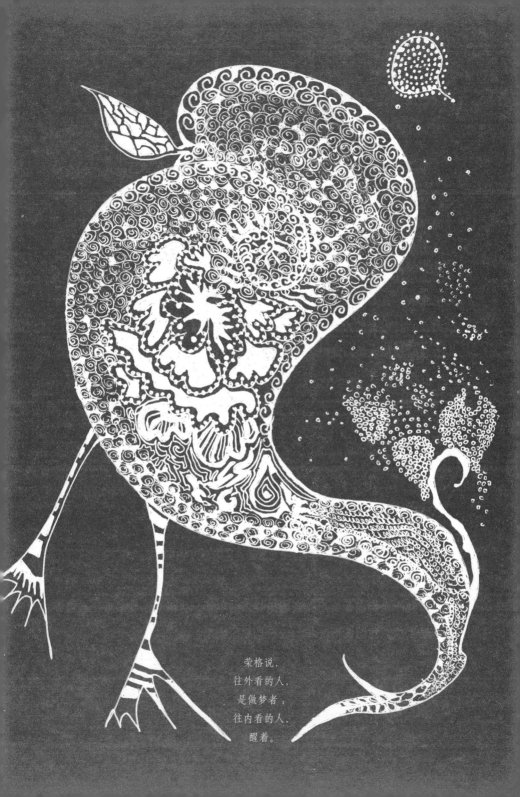

荣格说，
往外看的人，
是做梦者；
往内看的人，
醒着。

一个人的能量，要他听你的，顺着你，配合你，归你全盘掌控；你会整合你里面的阴和阳，快乐到只想探索自己，因为它实在太多层次、太丰富了；而紧迫盯人的焦虑感一消失，Mr. Best就出现了，那个男人的内在力量，才真正与你的灵性等量齐观。

这样的转变不是一夕之间发生的，时间早晚都会疗愈我们，你也不必像我一样，后来把旧爱都变"闺蜜"。但不管你怎么做，都请记得先具足自己内在的力量，然后从灵性的高度，真心感谢你的老师——"旧爱"帮助你成长，曾经伴你一起走过那段路。

唯有这样，我们才能关掉不断重播的记忆，踏着轻快的步子，继续向前走！

 ## "休"掉丈夫的女人

唯一要做的，是评估好自己有没有离得起婚的条件——足够的经济实力、照顾好自己的能力、个性积极、乐观、开朗；最重要的是，不怨天、不尤人。

几个星期前，突然接到姐姐打来的电话，告诉我，她最近正在赶办离婚手续。我切换不过来，一下子接不上话。

没多久，她就宣告恢复单身了。

算算嫁给那个男人二十多年，办妥手续竟不到两个月。短短几十天，她飞快走完所有离婚程序，还把自己名下的房子分出两栋给前夫，只留一户自己住。律师说，姐姐是他经手过的个案中，唯一把财产分给前夫的，其他女人都是拼了命地争取自己的权利。只有她，不打冗长的离婚官司，也不把那个男人在外花心的证据拿出来当手段，只是一心想早点挣开枷锁，不再纠缠。

她的果断，让那个本以为可以两边逢源的男人瞠目结舌，怎么都不敢相信自己竟然被结缡二十多年的妻子给"休"掉了。

见律师前，她平静地跟两个成年子女解释自己为什么这么做。而两个孩子多年来一直看着妈妈不快乐，所以尽管事情发生得有些突然，事前更没有任何征兆，但很快都能理解并尊重母亲的决定。

正式签字，脱离婚姻的当天晚上，这位决意从此走自己路的女人，为自己举办了一场盛大的"庆生会"，邀请所有亲人和最要好的朋友参加。

那一夜，她打扮得真美，小烟熏妆，大波浪中长发，小礼服，香肩小露；张开双臂与每位来宾热情拥抱，像只五彩斑斓的蝴蝶，满场飞舞。

站在弟弟送她的，写着"单身贵族"四个大字的奶油巧克力蛋糕前，她高举盛满香槟的高脚杯，眼眶泛红，语气坚定而感性："谢谢林先生陪我一起度过了前半生，还一起有了两个优秀贴心的孩子，只是现在我们的缘分和责任都尽了，所以决定下半生要分开，各自去完成年轻时没来得及圆满的梦。从这一刻开始，"她率先将手上的香槟一饮而尽，"请祝福我，我要去追求我自己的人生了！"

浪漫的烛光在角落里闪动着，空气中弥漫了一股温馨动人的气息。我突然瞥见靠墙边有一桌打扮异常低调的女人，她们全默默地用肯定和鼓舞的眼神，看着正在感性发言的姐姐。坐我旁边的朋友凑近过来，压低嗓门跟我说，她们都是这几年来，和姐姐一起学跳弗朗明哥舞的友伴。我仔细看她们的神态、气韵都跟一般女人不太一样，有种说不上来的傲挺和睥睨。（你可以想象一下卡门跳舞的架势和表情）然而，这是因为本来就是独立自信的女人，所以才选了弗朗明哥舞？还是学习了这种舞蹈以后，才变成那种气质？

我一时想不太明白。

不过，我记得姐姐那天说的话。她说，离婚跟结婚一样，都是每个人自己的决定和选择，不劳旁人做任何价值判断；唯一要做的，是评估好自己有没有离得起婚的条件——足够的经济实力、照顾好自己的能力、个性积极、乐观、开朗；最重要的是，不怨天、不尤人。

我想起多年前一本著名的美国女性小说《公主向前走》(The Princess Who Believed in Fairy Tales)，讲述一位美丽乖巧的公主，如何在经历"心与理智的交战"之后，毅然决然地走出"婚姻的童话世界"，奔向那不可知又充满挑战的未来。书里有句话特别触动女人的心："生命并不附带保证书。要不，就冒个险，不然就是完全丧失机会！"

貌合神离，同床异梦了二十多年，一辈子喜爱hello kitty，却又受尽伤害的"公主"，终于下定决心去爱一个更值得她爱的人——自己。

我偷偷拭去眼角的泪水，不再为她哀伤。

因为，公主勇敢向前走。

 "修炼"结束的老太太

女性（阴性）才是一切行动的核心，

她的存在就是"引力"。

朋友转寄了一个故事给我。现在，让我把这个故事说给你听。

有位老先生和老太太，他们结婚六十多年，彼此分享所有的事情，而且无话不说。他们之间不存在任何秘密，但只有一件事情例外：在老太太的衣柜上方有个鞋盒，她不准老先生问起有关那个鞋盒的任何事。

有一天，老太太病得很严重，医生也说她再无痊愈的机会了。老先生整理她的物品，将这个鞋盒拿到她床边。她同意，此时已经到了该让他知道的时候了。

当老先生将盒子打开，他发现里面放了两个洋娃娃和厚厚好几沓钞票，共有十多万元。老先生问起有关这些东西的来由。

老太太说："我们结婚的时候，我祖母告诉我，婚姻幸福的秘诀，就是从不争吵。她告诉我，无论何时，当我生气的时候，应该保持沉默，并编织一个洋娃娃。"老先生听了，感动得掉下泪来。只有两个精美的洋娃娃在盒子里！也就是说，从结婚那天开始，在那么多年漫长的恩爱生活里，她只对他生过两次气，此时，老先生的内心高兴万分。

"亲爱的，"老先生问，"现在我已经知道这些娃娃是怎么一回事了，但这些钱又是怎么回事呢？"

"噢，"老太太回答，"那是我卖掉洋娃娃所赚来的钱。"

看了这个故事，我大笑！这位"修炼"结束的老太太，后来想必是留下愕然的老先生，带着笑容离开吧。

看过太多婚姻，都是一个自我比较大，另一个自我比较小，好像不这么搭配，婚姻就很难白头到老；自我强的那个人，总在发号施令，占尽优势，另外一个则必须多方配合，交出做主的权力。

表面上看，自我小的人（通常是妻子）很弱势，是被动接受的一方，可是，从另一个角度看，她可能才是真正能量最强的人。那么大的包容力，只有非常柔软，非常慈悲，也是最进化的灵魂才做得到。印度瑜伽大师斯瓦米伟达就说，女性（阴性）才是一切行动的核心，她的存在就是

"引力"。磁铁不是被动的，只要把她放在那里，就足以让针移动。

医学研究也早就发现，女人大脑的发育比男性进化，所以女人有更好的沟通能力，可以更好地处理微妙的人际关系。有智慧的妻子，把丈夫当成"儿子"——宠他，哄他，夸奖他，永远原谅，永远温柔，永远等待。女人对孩子的付出，比较不像"爱"而比较像是"慈悲"。母亲和孩子之间有种微妙的能量波，彼此相连，她对孩子的爱没有算计，没有心机，只是付出，从不求回报。把这样的波长也延伸到自己丈夫身上，那将是非常强大的慈悲力。

不容易做到，却是最好的修炼。

 我没有单独过一生的洒脱

因为我没有坚强到足以独自面对生命的无常。

我一直喜爱英国诗人John Donne的诗：

No man is an island entire of itself;

every man is a piece of the continent,

a part of the main.

没有人是座孤岛，

每个人都和大陆相连，

都是整体的一部分。

我没有单独过一生的洒脱，因为我没有坚强到足以独自面对生命的无常。除了亲人和朋友，我们还需要亲密的灵魂伴侣，因为心情低落的时候，我们会想要有个爱的人一起相互取暖。纵使常拌嘴，但如果不是还在意你，他一句话都懒得跟你多说；不管夜半鼾声再怎么扰你清梦，当你需要一个温暖坚实的臂弯依靠，他就会马上将你紧紧拥入怀里。有这样的伴侣，是幸福；然而，想占有对方所有的关注、时间，争夺主导权的爱情，却是狭隘的两人世界，充满能量的抢夺和竞争，这样的爱情，很累。

我一个亲近的朋友，最近很哀怨地告诉我，她深爱的那个男人不愿晚上约会过后送她回家。"他根本不爱我！"她涨红脸，怒气冲冲。我知道那个男人在跨国会计师事务所上班，每天晚上都得工作到很晚。终于，那个男人受不了了，丢下一句："等你长大再谈恋爱吧！"从此失去联络。还有个我十分欣赏的女性朋友，在职场上表现出色，待人又充满爱心，家中买车买房，大小事一手包办，一点都不让她先生操心，本来所有的朋友都认为她婚姻幸福美满，但最后她先生却要跟她离婚，理由是"家里不需要两个男人"。

有些女性在爱情上有牺牲奉献的情结，有的是纯粹希望照顾好她深爱的男人，温柔体贴，但有时却是在潜意识里，想掌控男人生活上的所有细节，让他养成习惯以后，再也离不了她。这样的爱，也许是部分两性专家献策的所谓驭夫术，但那其实是个枷锁，受不了的男人早晚都会想尽办法挣脱。

真爱，是帮助彼此做回最本真、最原始又天然的自己，甚至让你变得更喜欢自己，因为他尊重、鼓励你说真话，表达你最真实的情感，不需掩藏，更不必假装；真正的爱情是让你卸下面具，而不是戴上更多面具。

不过，再怎么沉浸在爱情的甜蜜中，都不要忘记我们不是孤岛，我们和人类整体是相连的。我们是独立、有梦想、有满腔热情的女人，除了家庭，我们还有整个世界等着我们去投入，去拥抱！

当你一个人的时候，你有没有问过自己："难道我就只是这样了吗？我还能为自己再多做些什么吗？"印度瑜伽大师萨古鲁说："人都有一种由内向外，不断扩展、延伸的渴望，因为我们的灵魂来自整体，但我们却误以为彼此是分开的，于是把回归整体的那股强烈渴望，错用在追求物质的数量和丰厚上。"

以前我也是这么想的，我努力工作，希望用更高的薪水和位置肯定自己，但我并没有因此变得更快乐，也没有因为目标都达到了，内心就此安静，直到把方向转往探索内在，这才发现，原来这里才真正能永无止境地扩展、延伸，甚至帮助我在这个婆婆世界，找到了活着的依归和真正的意义。

没有人是座孤岛，
每个人都和大陆相连。
我没有单独过一生的洒脱，
因为我没有坚强到足以独自面对
生命的无常。

奥黛丽·赫本和她的心灵伴侣罗伯特·沃德斯携手共度余生（有人形容沃德斯正是上帝给奥黛丽·赫本的最美恩赐）。沃德斯不仅深爱赫本，与赫本相知相惜，甚至陪伴晚年的赫本一起从事最挚爱的联合国儿童慈善事业，共同实践了两人最圆满的人生。

我向往这样的生命高度和灵魂关系。你呢？

暴食，是因为欠缺爱

暴食，是因为内心强烈欠缺爱、渴求爱，只有让爱的能量重新流动起来，暴食的欲望才会停止。

在一次将近年终之时，趁着有大太阳的周末，我进行大扫除。

这几年来，我服膺"少就是多"的生活哲学，确定有需要之后才购满，所以，从家里清出去的东西，一年比一年少；今年更是少到只捡出小小一个纸箱，里头除了两件已经无法修补的衣服，剩下的都是旧的资料和剪报。

事情不多，所以很快就把屋子收拾好了。多出大把时间，我先给自己煮上一壶咖啡，拉开落地窗帘，让下午温暖的阳光洒进屋里，然后斜倚在沙发上，舒舒服服地发了会儿呆，静静地看完了一本好书。

改用减法过生活以后，不仅清闲自在很多，心理上，连迷恋的东西都变得少了。省了钱，也省了心，最重要的是心里无拘无束！

当然，这不是一夜之间说变就变的。

跟你讲个故事吧。

有段时间，我突然疯狂地迷上了葡式蛋挞。热腾腾、甜甜嫩嫩的滋味和烤得香香脆脆的酥皮，真是好吃得要命，一张口就可以吃掉整整一盒（六个）！不但天天托朋友替我排队去买，还馋到只要一天不吃就焦躁难安。贪嘴的代价当然非常惨痛，体重一下就从五十公斤飙升到六十五公斤！如果不是一位不算熟的朋友，用带点调侃的口气糗我"发福"，天天照镜子的我都没有察觉自己已经重了三十斤！

后来的减肥过程简直一言难尽，连体内的血糖都严重超标！我大哭好几天，但还是克制不住嘴馋，一直到读了一段印度瑜伽大师说的话，才明白暴食是因为内心强烈欠缺爱、渴求爱，只有让爱的能量重新流动起来，暴食的欲望才会停止。

我合上书，闭起眼睛，思索和家人之间究竟哪里出了问题。想着想着，胃突然开始刺痛。我一弯腰，一个意念闪了进来：啊！我和家人没问题，但是我不爱我自己！

"我有多久没休假了？我持续加班多久了？我每顿饭都赶时间，有多久没有细嚼慢咽了？先生、儿子打电话要我早点回家，我都是怎么搪塞的？老板无理要求、其他部门透过推脱，我又是怎么反应的？身体长期承受不堪的压力，我却一点都没察觉？它现在已经用虐己的方式跟我抗议，再不警醒，恐怕我很快就会把自己耗干！"

从那时候起，我每天大幅度降低工作强度，改用更多、更有效的方式达成工作目标，该休息的时候也绝不拖延；同时从饮食上做调整，不再挑食，连口味也力求清淡。这样，三个月就让体重恢复了，食欲大减，平静的感觉常从内心升起，不再感觉自己"欠"了谁，谁又"欠"了我，纵使偶尔愤怒，情绪也去得很快。

身心关系真是紧密。根据能量医学发现，容易过敏的人，人格特质里多半都有不肯轻易妥协的洁癖（或执拗），于是身体就启动了"排斥机制"；有便秘习惯的人，心理上则容易积累"情绪垃圾"，觉得老做着"违背自己心意"的事。你一定认为自由就是"想干吗，就干吗"，但我后来发现，自由不是这个意思，自由其实是"想不干吗，就可以不干吗"。一改用这个不同的定义来检视我每天都必须处理的事、面对的人，我吓了一大跳！活到今天，我居然从来就不是个"自由人"！这让我太震惊了。于是我告诉自己，绝对不能一辈子都受束缚，都那么不快乐，我一定要期许自己做到"凡事问心无愧，不强求"。

人生真的没有什么非要不可。

进出自在，怎样都好。

暴食是因为内心强烈欠缺爱、渴求爱。

"阅"过自己，才知天命所在。

在这里，写下你的『阅己』心得吧。

现在心
不可得

有钱买一柜子皮包，不代表就拥有了一柜子的幸福。

一位月入两千和一位月入二十万的女性，

她们渴望幸福、追求人生圆满的权利是平等的，

她们同样怕老、怕丑、怕死、怕没人爱，

同样需要被爱、被肯定、被关怀。

第二部・

悦己

・・

Chapter3

外功闻香

美丽，不过就是浅薄的一层表皮

我们赞成这句话，但是，

我们也一样可以拥抱化妆品！

"Beauty is only skin deep.（美丽，不过就是浅薄的一层表皮。）"

是呀，我们赞成这句话，但是，我们也一样可以拥抱化妆品！

我不仅喜爱彩妆，而且很喜欢研究女人化妆的动机和方法。

化妆就像魔术，可以瞬间帮女人换一张脸；化妆也像穿衣服，是一种心理投射。你可以从一个女人的外表打扮，看出她的心理特质和倾向，甚至还能读出那个没说出来的秘密。

常看见有些女生，没上妆前清纯可人，但一上了妆，不知道为什么，却变得烟视媚行，带点说不上来的邪气。我问一位修行多年的朋友，他笑着跟我说，女人化妆的动机和心态，必然影响她的用色和笔触。我这才恍然大悟：颜色只是颜色，谁在画，什么目的画才是关键。反过来，我们是不是也可以利用这个秘诀，在上妆前就先做好思想准备，一笔下去，就达到我们要的目的？

除了心理状态，不同国家，女人化妆的习惯也不一样。

有一次，我的好友从香港转机去欧洲，趁着登机时间没到，跑去免税店买皮件。她一直没讲话，只是默默地把皮件放到收银台上等付账。收款机后面那位店员上下打量她一番，然后用英文跟她交谈，而她也很自然地用英文回答。但是，等她拿出信用卡用中文签上名字，那位店员一脸惊讶，马上改用普通话跟她说："啊？原来你是中国人？我还以为你是韩国人！"

"怎么啦？"她脸上三条线。

店员小姐说："以我多年经验，只有韩国女人才会把妆化得那么全，一个细节都不放过。"这位店员显然不知道，她遇见了一个二十年始终坚持"女人不化妆，等于叫她脱光出门"的超级彩妆拥戴者！

我这位朋友，打一进入职场开始，每天都一定要化好妆才肯出门，而且技术已经到了炉火纯青的地步，不到八分钟，就可立刻华丽出场！

像她这样热爱化妆的女人虽然不少，可是却还是有很多中国女性宁可相信一白遮三丑，彩妆能少用就尽量少用，有的人是怕脸皮一天闷着不透气，但更多人却是因为不知道如何掌握技巧，所以干脆不化。

以前，我也常素颜见人，但后来发现彩妆很神奇，可以让我在熬夜的第二天，依旧靓丽见人，于是开始热衷研究化妆带来的效果，何况娥眉淡扫本来就是职场上非常重要的礼貌。一点粉底，睫毛膏，腮红和唇蜜，就足以使人两眼炯炯有神，一脸神采飞扬！除了自己看了开心，最近英国更有一项调查发现，化妆的女性比脂粉不施的女性，薪资平均高出四分之一！而且受访者说："化妆的女人让人感觉更爱自己，更懂得把自己照顾好，职场形象也显得更为专业。"

可见适度的色彩确实让人容光焕发，唯一需要做的只是多练习而已。照花前后镜，莫负好时光。

 一边念经拜佛，一边执着于美容

动摇，并非是在错误与正确之间左右不定，
而是在理智和非理智之间徘徊。

这几天，从不丹旅行回来，我的生活又多了一个能够不断回放的殊胜经验。

去不丹，不是一时冲动的决定，而是多年前就有的向往。不丹的第四任国王在20世纪70年代提出：国家应该更重视"人民幸福指数"GNH(Gross National Happiness)而不是只关注"国内生产总值"GDP(Gross Domestic Product)的概念，我想去亲身体验这个位在喜马拉雅山脚下的"雷龙之国"，当然也想去目睹世界十大奇寺之一的虎穴寺。

之所以延迟到现在才成行，是因为我先生要调离印度，给自己安排一次"毕业旅行"，让我再也没有推延的借口，非得暂离繁忙的工作，陪他（或是他注定用这种方式伴着我）一起踏上那片世人口中的净土。

然而去不丹之前，我们先去瓦拉纳西，然后，我们转往鹿野苑和菩提加耶，瞻仰释迦牟尼佛当年成道、初转法轮的地方。我向即将复校的那烂陀大学巴利文教授，请示佛陀的教义，同行去菩提加耶的佛光山德里住持慧显法师，也详尽地为我们讲解佛陀当时在菩提树下悟道、成道的事迹。

佛陀原是释迦族王子，却宁愿放弃所有的富贵荣华，只为找到解脱之道。光依循他八十年肉身示现的修行路去过生活——具备正确的见解、正确的思维、正确的语言、正确的行为、正确的工作、正确的精勤、正确的念头和正确的定力，纵使最后没成得了佛，至少也可做到人品端正、身心轻安。

最近有位名人在微博上提及前妻"一边念经拜佛，一边又执着于美容"，不禁莞尔。对许多女人来说，只要还留得住一点青春，纵使成佛仍是毕生大愿，也绝不允许自己就这么老去吧？男欢女爱的滋味尚未尝够，又哪甘愿醒呢？

有个至交女友，佛学根基非常好，但打禅七期间，她每天都要先涂上一层厚厚的保养霜，再抹点唇蜜，才肯进禅堂。她笑称自己"既想紧抓现世的享乐、皮相，又渴望这辈子解脱生死，难怪佛总在彼岸，而我卡在此岸"。

这让我想起荣格说的：动摇，并非是在错误与正确之间左右不定，而是在理智和非理智之间徘徊。说得真好！

　　到达不丹的第二天，我便徒步登上高达一千多米、地势险峻的虎穴寺，盘起已经酸软、失去知觉的腿，在八世纪莲花生大士闭关的洞穴大殿上打坐。伴着喇嘛低沉又充满能量的诵经声，我顿时感觉身心脱落，没有人，没有事，没有时间，没有自己。只要可以，"我"知道，"我"可以一直这么坐到永远，永远不出来。虽说感觉不到时间，但下拨儿游客的声音已经在殿外响起，空气中也不时飘来雨水的味道，于是我站起身来，开始往山下走。与那殊胜时空交融的时刻虽暂时消失，但我感受到身上那副沉重的盔甲，已经卸下来了。

　　问喜爱旅行的另一半，旅行对他来说有什么益处，他说，主要就是放松，如果再能同时增加点知识就更好了。他的回答很像他的个性，简单又实在，但对我这个老爱用思考捆绑自己的复杂灵魂来说，旅行是洗涤，是减法，满载烦劳出发，空皮箱回来。

　　人一旦习惯了某种生活方式，就会开始变得麻木，然后就停滞了。所以每次旅行，我都喜欢去一个和我生活习惯完全不同的地方，让细胞重新鲜活起来，发现有个更好的自己就在前方！

　　是的，我旅行不是为了猎奇。

　　是为了不断跟过去的自己告别。

人一旦习惯了某种生活方式，就会开始变得麻木，然后就停滞了。
我旅行不是为了猎奇，是为了不断跟过去的自己告别。

老了？无非是催促我们可以再快点

过度迷恋青春的外皮，其实是个最大的迷障。

"如果你无法把自己放进任何现成的'盒子'里，没关系，替自己做一个，然后你就可以拥有它了。"（It is okay if you do not fit in a box, make your own box and own it.）

"在生命的最后，当你回顾过去的一生，你能接受自己只是因为在意别人的看法，而没能实现这一生的使命和梦想吗？"

夜深人静，我都会告诉自己和问自己这两句话。

只要重看电影《本杰明·巴顿奇事》（*The Curious Case of Benjamin Button*），我都边看边流泪。我不明白，为什么我们不能像本杰明一样，从老活到小，最后变成纯真无邪的婴儿，重回创造的怀抱？为什么我们都要又病，又丑，又老地离开这个世界？宇宙不会出错，但这么设计的用意又是为了什么？

尽管心里盘旋着这个大谜团，但无明总是有办法叫我忘记不追问答案。幸好年龄到了足够领略点人生真相的阶段，有天清晨，我正弯下身做大礼拜的时候，一个声音突然浮现脑海：

"只有在一件事情面前，所有的人才会变得谦卑，那就是死亡。"

就在那一刻，我明白："过度迷恋青春的外皮，其实是个最大的迷障。我们应该趁身体正新鲜的时候，赶紧用它去延伸、去创造出我们希望成为的样子。老化，无非是催促我们可以再快点。"于是，我抬起头，看着镜子里的自己："嗯，我给自己做了个盒子，但我有做到'凡事不在意别人的眼光，敢问心无愧地跟自己说，这就是我真正该有的样子'吗？"

希腊神话里Icarus因为忽视劝告，越飞越高，以至于父亲Daedalus用蜡为他做成的翅膀，被太阳融化，坠海而死。许多人都主张这个神话的启示是不可得意忘形，但我却认为，在灵魂褪去肉身的那一刹那，Icarus必定是笑着跟命运之神击掌的，因为他敢超越恐惧，将自己奋力推向极限！

我一样宁可把自己燃烧到一百度，也不愿窝在舒适区里，过着没感觉、没温度的一生。

今天的女人都活得太辛苦了，时间和精力全被家人、朋友、工作和身边琐琐碎碎的事瓜分，要对家人有交代，对上司有交代、对员工有交代，却对自己不怎么好交代。年轻时的远大梦想，全都因为现实生活，成了尘封往事。嘴上老喊着"做自己"（Be myself）已经没什么意思了，我们是不是该多想想，怎么做才能own myself，好好地为自己活？

每本心灵书籍都告诉我们要"走自己的路"，但我不认为"走自己的路"就意味着要去走一条"跟别人不同的路"，而是要清楚那是我的选择，是我要的，并坚持走下去，不管别人在背后说什么、批评什么，都乐在其中、不改其志。也许活得不开心，不是因为我们选择这种过法，而是不去选择才造成的结果。

一直很喜欢开悟大师蓝慕沙说的一句话：

"我爱严冬胜过万物勃发的盛夏，只有当繁花绿叶落尽，才能尽显树木本然的模样。"明心见性，无限美好，但在那个时刻到来前，我更愿意做一个触动人心的女人，先让生命成为一首自己的歌——胆敢不把生命看成理所当然，奋力将自己推向极限，就是自己的英雄。

熊熊热火在胸口燃烧。

不老秘诀？

让灵魂永远像个六岁的小孩。

每次快到新年的时候，一想到快休年假，可以和一家人相拥倒数计时，迎接新年，我就开心得雀跃起来，对于很快又要增添一岁，倒是没什么特别的感伤。

"老"这个字，从来就没出现在我的字典里，不管外表怎么随着岁月增添成熟味，透过眼睛向外看的那个灵魂，永远都像个六岁的小孩。看见成人世界里的种种光怪陆离，常让我不解为什么大人总是那么复杂，和孩子们一起，常比和一群打扮严肃光鲜的成人一起更让我快乐自在。

我们的心总是在离开童年进入社会化过程之后开始逐渐死亡，每个灵魂都用他自己的欲望经验着一场又一场的生命幻觉，茫茫然照着别人制定的价值观和对所谓成就的定义——金钱、权力来丈量自己和别人灵魂的大小和高低，然后在来不及了解人生这一趟究竟为了什么而来之前，就仓皇地带着老朽的身躯与病痛买单离场。

于是，我常常想，假如生命可以倒着走，让我们从老太婆、老公公开始倒着活，等离开的时候，不就能像小孩子那样天真快乐，然后回到天堂，继续开心地玩乐下去？可老天却偏不照这个办法设计，反而让我们觉得身体越用越皱，日子越活越不高兴，甚至还四处问"到底快乐哪里去了""快乐的公式是什么"，忘了快乐是天生的，竞争、忧虑和压力才是后来学习到的。去问正在玩乐的孩子，他的快乐公式是什么？快乐是谁教他的？他一定认为你疯了！但如果你还是认为快乐必须学习，那么，最好的老师应该就是小孩子。

儿子小时候，我问他，你这辈子最想做什么事？他专心堆积木，头也不抬地说，玩啊，吃啊。我说，总有比玩啊，吃啊，更重要的事吧。他说，没有了！我说，那工作呢？学习知识呢？他一脸无辜地说，那最后也是为了吃和玩啊！我当时为之语塞，半天说不出话。因为孩子正在告诉我，我怎么把过程当结果了？快乐不是我们最重要的目的吗！现在，他已经是个工作表现优异而且有自己想法的大男孩，而这个问题，我也没再问过他，但我真心希望他的答案不会改变，如果他最后被迫要和大多数成人一样落入不快乐，每天倍受压力和竞争所苦，那我会非常后悔。

电影《彼得潘》里，变成大人的彼得潘，忘记怎么飞了，小精灵提醒他，只要专注观想让他快乐的感觉和画面就好了呀，于是他闭上眼睛，一个happy thought（快乐的想法）马上让他又快乐地飞翔起来！Happy thoughts让我们纵使带着世俗的人生阅历，但身体将依旧轻盈。时间从来就和我们真正是谁无关，如果你相信人生必须无情地竞争，那么你是个十五岁的老灵魂，如果你认为人生要开心玩乐地经验，那么，你是个两百岁、充满智慧的年轻灵魂。

⊙ 衣服，会改变你的体质

工作是一时的，面对自己是一辈子的。

你想过哪种"体质"的人生？

从年轻时就一直喜欢户外活动的好友，破天荒必须出席自己老公得奖的晚宴。她一脸发愁，因为碰到那种冠盖云集的场合，她得穿晚礼服出场。

111

我们几个好朋友为她出谋划策，还借她衣服。从Chanel，Prada，Dolce & Gabbana到YSL……可是最后都因为"穿起来实在太不像她"而作罢。

怎么说不像呢？原来她长年只穿棉麻料宽松裤装，不讲究身型，身体轮廓早就已经跟那些款式材料的衣服融为一体，而且穿惯了宽松的衣服，饮食不节制，还养成左右开弓大步走的习惯。现在要她穿线条优雅的晚礼服，简直就像灵魂装错身体那么难受。

十几件名贵礼服，折腾了一个下午，好脾气的她再也按捺不住，发火了，拒绝再当我们的傀儡。最后我建议她穿上衣橱里唯一一条及地黑丝绒长裙，搭配老公硬挺的雪白衬衫，把衣领子竖高，解开前面三颗扣子，戴上她在澳大利亚买的原住民多彩原生石超大款项链和耳环。顿时，笑容灿烂，黝黑紧实的皮肤闪闪发光，帅美得不可方物！

这件事让我再次证明"穿对衣服，会让人变得漂亮又有自信"，但发现衣服会改变"体质"，还真是让我有点吃惊。

也许你会说，什么个性的人就只爱穿什么类型的衣服吧！没错，一开始可能是这样，但只要穿的时间够久，身体和肌肤就会和那些面料款式"同步呼吸"，内化形成"气质"，进而影响体态身型，最后就会变成很难再改变的"体质"。

人受服装影响之深，远超过我们想象……一位日本时尚观察员发

工作是一时的，面对自己是一辈子的。

现，长年只肯穿高跟鞋的女人，突然改穿平底鞋，会下意识地抬起脚跟走路；习惯了荷叶边淑女装，穿中性休闲服，必然少掉那股帅气和洒脱；而穿朋克和铆钉衣服久了，连说话走路都是那个调调。

还有一件事得提醒——对于奢侈品牌，你可以不买，但千万不要用A货，因为你身体的每个细胞都知道它们是假的，穿戴久了，我敢保证你以后连背脊都挺不起来。

颜色、服饰和经常使用的物品，无时无刻不在打造我们的气场和性格，延伸到住家和职场也是同样的道理。

环境影响气质，孟母三迁古有明训，但是你有觉察过你待的公司文化，也在不断改变你的"体质"吗？

公司，也是一件我们选择穿上去的"衣服"。穿久了，我们的思考模式，做事情的态度，甚至对人生的看法，都会变成跟它一样的"体质"。比方长期待在尊重人才，鼓励合作，创新的公司，你会成为一个主动发挥创意和积极乐观的人；在层级分明，遇事大家推诿的机构越久，你就越可能变成被动僵化，遇事推诿，缺乏锐气和勇气的人。

工作是一时的，面对自己是一辈子的。

你想过哪种"体质"的人生？

请留意你现在穿的是什么"衣服"。

逛街买衣服，是最好的心理治疗？

佛法不教人远离所有享受的事物，

而是"有，很好；没有，也很好"。

《欲望都市》里，凯莉说："失恋虽然伤心，但却有助振兴经济。"真是太对了？

当年提出以上说法的学者专家，现在恐怕都得改口了！

最近一项调查发现："全球超过七成的白领女性，都变得比过去更冷静消费，炫耀性虚荣心态大幅降低，'实用'及'物有所值'，成为现在女性消费最重要的心理指标。"

没错！这个讯息告诉我们，女人已经开始学习分辨"花同样或更少的钱，哪个才最有价值"。

在全球经济不景气的冲击下，我们每个人都有种"变穷"的感觉(很多人甚至真的变穷了)，所以现在打开荷包，难免都会再多想一下"我真的需要这个东西吗"，还把所有的生活开销，重新排列一次优先级。

嗯，这听起来挺理性的，但是，光这么做，我们顶多只做到不浪费，不见得可以大幅扳回我们的财富。那么，要不要再往前进一步，想想"有哪些需求，我们没有它，反而会变富有"？

提出这个见解的，正是出身贵族，如今却家道中落的德国著名作家

佛法不教人远离所有享受的事物，而是
"有，很好，没有，也很好"。

Alexander von Schonburgr。

Alexander从家族的兴衰起落，体验到"变穷，才能优质管理"。

他说："也许如今最大的奢侈，是能够不在乎那些东西，能够放弃它们。"他认为只要态度正确，"变穷甚至可以是一种优势，它会让你变得更有格调"。

我觉得这真是"追富"心态和观念的大解放！

Alexander直言"品位的头号大敌向来是金钱"，而且根据经济学的"边际效益递减"法则，有钱人最后多会因为兴奋点越来越高，而变得更难满足（这也就是为什么富人不快乐的比例，比其他人都高的原因）。不拥挤，处处"留白"的穷人反而容易用优质的方法，管理好自己的生活方式和人生。

几年前圆寂的圣严法师曾告诉我，佛法不教人远离所有享受的事物，而是"有，很好；没有，也很好"。他说，"执着"是烦恼的根源。在"有"的当下，我们尽情享受，但"没有"了，也不痛苦执着。

进出自在就是洒脱。

其实，在Alexander提出"没有它，反而变富有"的主张之前，不少人早已身体力行。

我一个朋友，为了一点儿优越感，交好几万块钱加入高级健身房，但她后来屈指一算，一年竟然去不到十次，心痛不已。后来改成每天快速上下楼梯15分钟，不仅脸色光泽红润，分泌的多巴胺（快乐激素）更让她天天都很high。还有个朋友，早就省下一笔大钱，不再买昂贵的美肤饮料，改听中医建议，每天饮用价廉但洁肤消肿更速效的红豆薏米水。只投资适合自己的经典款，不碰一季就过气的精品，更早被我那些"时尚买手"朋友奉为圭臬。我和她们一样热爱服饰带给我的美丽和舒适感，可是，我爱质感胜过品牌；重视怎么穿胜过穿什么，所以我的衣橱永远够用，多出来的卧房空间，大片白纱飘逸，浪漫，幸福极了！

"富有"不是我有，你没有；而是需要的已够，想买的不多。

好友环绕，书香，笑声，带点孤芳自赏，我自得其乐。

 延长青春的最好办法

遇到抉择时，永远都去挑你没做过的，

而不要重复你已经会的。

我之前做过一个挺有意思的选题："做到30件事，从此快乐由自己"。我边改着稿子，边大笑，因为文章里说的那些事儿，我几乎全干过，还高兴地又往上加了好几条！真是太有趣了，停下笔，我又贪心地想：还有什么好玩的事儿可以做？

我本来不是这样的人。从懂事开始，大人就一直教育我做事"谋定而后动"，不计算完，我就不动手；大人还跟我说"人无远虑，必有近忧"，所以，我总是未雨绸缪，走一小步，就开始盘算下五步。就这样过了几十年，我回头才惊讶地发现，原来人一旦想太多，就会做很少。好几次眼睁睁看着机会流失，都扼腕不已，还要反过来自我安慰："唉，那不是最好的，好的还在后面啦！"虽然这也是一种挺不错的人生态度，但对我来说，就是不过瘾。

要知道，老天可不是个"好房东"，脾气变幻莫测。不负责维修就算了，还随时可以不经租客同意就把"房子"收回去。好在他挺慈悲的，只要还住在屋里一天，你高兴怎么用这房子，他不仅不干涉，还给你最大的权限和自由。不物尽其用，岂不白来一趟，更浪费了他的美意？但我可没叫你莽撞喔，只是想跟你说，老那么小心翼翼地盘算得失，机缘可是会飞走的。

也许你的个性不爱变，觉得现在这样也挺好的呀，甚至算一算，变了会有风险，多一事不如少一事吧，但老天可有耐性了，早晚换一种让你料想不到的方式逼你面对。只要是你的人生必修课，你就无法不进教室！

就像我那位婚前花心，最近却被婚外情弄得晕头转向的好友莉跟我说的："你以为我想碰上那个男人？你不觉得，婚外情跟开车的道理一样吗？你安安分分地开在自己的车道上，偏偏对面车道的车要飞过来撞你？"（想想，很多事情的发生，不都是这样的吗？）招谁惹谁了？但事情来了就是来了（而且事出必有因，只是你不见得察觉而已）。我没劝她，也真的无能力指导她该怎么做，也许那是她的灵魂帮她安排好的功课，让她在安分了五年之后，用一次婚外恋继续学习什么是"对自己诚实和情感自律"。除非真的痛过，不然她就不算已经学会。

既然人生这么不可捉摸，我顽皮地想，何不由我自己选择想接受什么样的挑战？而且延长青春的最好方法，就是"遇到抉择时，永远都去挑你没做过的，而不要重复你已经会的"。这样，你的细胞就始终处在最新鲜的状态。永远像学生一样不断地学习、体验，就会变年轻！

人类大脑只开发不到百分之十（甚至更少）的部分原因，就是我们好恶强烈，喜欢画地自限，对很多没做过的事，都习惯性地先说"不"和"不可能"，时间一久，没有使用过的功能和空间就自动封闭了。"大脑越用越好"的意思，不是叫我们没事胡思乱想，而是要我们敢于尝试新经验，让全脑启动，链接回"宇宙记忆库"，那么，所有你想要的灵感，就会源源不绝地涌进来！历史上许多厉害的发明家和天才，都深谙这个能量运行的秘密。

大胆走新路吧，就算偶尔挫败也很棒，因为，我们需要挫败和困难帮我们保持清醒。

你读过的书里，藏着给你的讯息

只要有缘读到的书，就必定有几个章节是宇宙快递给你的重要讯息，
隐藏在特定的书里，等你去找！

从小我就爱读书，几乎什么样的书都读。但二十八岁以后，我就停
止看散文，三十岁之后不再读长篇小说。你问我为什么，我也说不上
来，也许我失去了耐性，不愿再忍受繁琐冗长的铺陈，又或许我已经找
到自己体验生命的角度，不愿再随着他人的节拍起伏。总之，三十岁之
后偏爱的书籍种类，就只剩下社会趋势和new age（新世纪）。这个偏好和
我钟爱的服装、保养品牌一样，固执难改。

看一个人的性格及未来走向，只要观察他最常涉猎和关心的范畴就
知道了。有机会去新认识的朋友家，光看他架子上都是些什么样的书，
就大致可以了解主人什么样的个性，有什么喜好，多找那一类话题和他
交流，八九不离十，你会成为他的知己。

我家里最大的墙面就是我的书架。几年下来，书越积越多，但我一
本也舍不得丢掉，因为它们都是陪我一起长大的好朋友。虽然曾经想把
看过的书转送出去，可是里面写得密密麻麻的，说什么都像是我的私人
日记。

我习惯一边读书，一边在空白的地方写随想，或在有趣的那一页上

二十八岁以后不再看散文，
三十岁之后不再读长篇小说。
也许我失去了耐性，又或许
我已经找到自己体验生命的角度，不愿再随着他人的节拍起伏。

折个角。很多人不肯这么做，但我就是喜欢以这种方式"使用"书本，尤其在书上写字和做记号，对我真是妙用无穷！

就在上个星期，我重读了十年前就已经读过的《与神对话》，发现我在很多折角空白页上，写满了那段时间的梦境和感悟。

像不小心偷窥到别人的秘密一样，我好奇地把用铅笔写的那几页和那个章节又细看了一遍，赫然发现字里行间竟隐藏着重要提示，脑袋里的灯泡一下子亮了，我笑了出来，因为最近一直困扰我的难题，已经有了轻松解决的办法！

十年前的书呀！早就忘了在上面涂鸦过什么，更别说那几页的内容，竟像第一次读到似的那么新鲜！至于为什么会重读，则跟我另一个奇怪的习惯有关。

只要半夜没来由地突然惊醒，我就会翻身下床，信步走到书架前，默默地问："好吧，你想告诉我什么？"然后顺手取下一本书，坐回床上，用直觉翻开书本。从眼睛落下，第一眼看见的章节或段落开始读起，一直读到眼皮渐渐变重，就随手把书丢到一旁，倒头继续睡到天亮。奇怪的是，每次翻到的内容，都是我在很短的未来内，或那段时间，最需要注意和被提醒的，有的甚至是我一直苦寻不得的解答！如果你说这纯粹是个巧合或说我附会，我一点都不在意，因为，每个人都有自己的频道通往宇宙大能，我只是找到属于我自己的方法而已。

与其说"人找书"，不如说"书找人"，
只要有缘读到的书，就必定有几个章节是宇宙快递给你的重要讯息，
等你去找。

而与其说"人找书"，不如说"书找人"，只要有缘读到的书，就必定有几个章节，甚至几个句子让我惊喜，那是宇宙快递给我的重要讯息，隐藏在特定的书里，等着我去发现。

　　所以，不管任何书，只要我走到哪儿都遇见它，或听见不止一个人跟我提起它，我就会尽快找来阅读。如果你也用了这个方法，却一时找不到线索，请继续真心相信，宇宙一定会挑选一个最恰当的时机向你揭示，让你感恩，惊喜不已！

　　宇宙充满了无尽的爱和善意，几乎每件传世的艺术创作都是天外飞来的灵感。你说他们是创作家，我更喜欢称他们为"传译者"，传译宇宙最高的真善美，触动每个人的心，帮助我们不断蜕变与转化。

　　万籁俱寂，星斗满天。

　　那是心灵悸动的滋味。

 烂电影里，蹦出来的生活真知

　　这一关巧闪过去，小心下一关考验更大。

　　"我一生干过的蠢事，全是因为打开始就做错决定，然后步步错下去。你知道，事情本来是不怎么样的！"

这个经验你一定有过：不经意看见或听见一句话，脑袋里的灯泡就亮了！

一天半夜，突然口渴醒过来，迷迷糊糊走到厨房倒水喝，本以为喝完可以倒头继续睡，没想到竟然睡意全消。怕白天琐事趁隙进入大脑搅局，我赶紧打开电视催眠一下。

屏幕上，HBO上演着一部感觉不怎么样的老电影，西部牛仔片，浓重的美国中西部口音正好用来催眠。感谢啊！眼皮终于重得再度合上了，但突然，一句对白巨雷般打进耳里："我一生干过的蠢事，全是因为打开始就做错决定，然后步步错下去。你知道，事情本来是不怎么样的！"

扬起嘴角，我的灯泡亮了一下。

老实说，这句话对我实在不新，可是人很奇怪，就是必须常常被提醒。

电影导演都想扮演哲学家，希望在自己的电影里藏点他们想表达的人生哲理。

有意思的是，我常常在影评人口中所谓的"烂"电影里，领略到很棒的真知。老天是公平的，它让每个人都有机会分享自己学到的人生经验并表达领受之意。我甚至怀疑，这才是艺术创作最重要的目的。

说到这类常收到的"讯息"，它们很神奇，一定会在"提醒"你之后没几天就让你遇上适用的情境，供你好好操练一番。以我过去的经验，宇宙善意的叮咛，通常会藏在一句广告词里，电影电视剧集的对白中，随意翻开书本的某段话里，有时则借陌生人的口让我们不小心听见，甚至藏在风中，在雨里，在一片落叶飘下的那一刻，稍稍一个体感或触动，都会让我心头倏然升起一个画面或一个直觉。只要习惯了一有机会就放空，不起心，不动念，只是静静地听着，等着，一天，两天，三个月，不要急，时间一成熟，任何人都可以收到灵光一闪的讯息。（但半夜被叫起来"听"不在此列，那有点惨，也表示白天不够观照，错过了！）

曾经和一位业余喜爱研究西洋星相的好友聊过，万一在一个人的星盘上"看见"他可能快在婚姻或爱情路上栽跟斗，会直接提醒他，教他趋吉避凶的方法吗？他认真地想了一下，然后看着我的眼睛坚定地说："不会！我只会提醒他，帮他分析个性上的盲点，看清自己的问题，该撞个头破血流，该学习的人生课题我不能教他避过。挫折是抗体，这一关取巧闪过去，下一关更大的考验一定会在其他地方爆出来，没有抗体，一定伤得更重！"

知道他会用这种方法"帮忙"的人，恐怕从此都不敢再找他问事情，不过，我必须说他是对的，好比有时候我依着直觉做，却反而找上麻烦，但我知道那不是直觉不准，而是上天认为我最好用那种方法学习才对我有益。

近几年，全球经济低迷，忧心免不了，可是却让我们有机会反思自己的小日子，生活不再是一件大手大脚、漫不经心的事，我们有了更多时间安静下来，凝听自己内心的声音。

我们更理性，也更感性了。

晒晒太阳，晒晒月亮，洗洗衣服，看看烂片。

宇宙的讯息无处不在。

也许它就藏在下一部烂片里？

 无常难料的"无目的旅行"

"目的"只是欲望，

不见得是灵魂最渴望的滋养。

你一定喜欢旅行吧，但我知道也有人不喜欢呢，尤其必须一个人上路的时候，例如不得已的出差，或是当个背包客。

因为，孤单会被放大。

血液中缺乏冒险因子的人，都害怕只身一个人旅行，他们总是喜欢呼朋引伴，路上彼此有个照应。敢只身上路的，DNA里铁定多了一分无惧和潇洒，也必然对宇宙有着非常强大的信任。

前不久，我去了西安楼观台。参观完毕，正打算下山，却看到一个外国男孩子，背着背包，站在山口一副茫然无措的样子。太阳都快下山了，他跟门口卖水果的阿姨，比手画脚地讲着没人听得懂的语言。司机调好车头，正要朝山下开，我请司机先停停，下车去问那个外国青年，需不需要我的帮忙。

听见我开口问他话，年轻人赶紧跟我说，他是德国人，只身来中国旅行，目前就暂住在山下的民宿，本来叫了部车子上山的，可是等他出来时，司机却不见了。他不会说中文，不知道该怎么办才好。

男孩约莫二十出头，一脸雀斑，稚气未脱，我突然像看见了儿子的影子，心中涌起一股强烈的温暖和爱怜。我邀他上车，载他一起下山。钻进车里，男孩摘下帽子，边擦汗边对我咧嘴笑。我暗暗跟宇宙祝祷，但愿儿子将来在只身探索世界的路上，也能遇见善心帮助他的人。

世事无常难料，但世界必定是和善的，才让那么多年轻人愿意冒险只身上路去壮游。他们乐观迎向生命中所有的不可知，更打内心相信"宇宙自有慈爱的安排"。

旅行让我们打开心门，放禁锢的灵魂出去飞翔。每次游罢（或出差）回家，我都感觉天底下哪有什么大不了的事。走过大千世界，你会明白"个人虽然渺小，但心量却可以无限广大"。

灵修多年的好友Anita甚至常常劝已经意识到自己成长停滞的人，每隔一段时间，就去做次"无目的旅行"——事前不做任何计划，带只空皮箱（心）就出发。因为大小事全部规划好的旅行，只会让我们把自己框在既定的范围内，错失了上天要送给我们的礼物。

我曾经把Anita的话和一位苦闷多时，却找不到出路的朋友分享。这个美丽的女人一直迟疑。直到有一天，她终于再也无法继续忍受生命中的一成不变，一个人带着最简单的行囊，正好赶上那架正要飞往西宁的飞机。

平常凡事都要计划又计划的人，这回居然敢酒店、车子都不订，选择相信自己的脚！尽管心里还是七上八下，但是下了飞机以后的一连串奇遇，却一步步引领她遇见了今生的上师。

只不过放大一次胆子，冲动地做了一回"意外的旅人"，她不但"清醒"过来，对自己的勇气和胆识更是刮目相看。她跟我说，在这个经验之前，这辈子，她都不算认识自己。现在，只要一听见内在呼唤的声音，她就放下手上的工作，立刻上路。我常常找不到她，因为大多时候她都在路上。每次看她笑到掉泪，一次比一次绽放光彩，那真是我最舒心的享受。

"目的"只是欲望，不见得是灵魂最渴望的滋养。

要庆祝单独，放胆高飞，那是宇宙爱宠你，给你机会成就今生。

有时，两人嫌多，一个人就已足够。

"只旅行，不工作"的女人

像不需要那笔钱一样地工作，

像从没被伤害过地勇敢去爱。

在那个充满"末日谣言"的2012年，我们一群好友在年初聚会。但这次聚会非常特殊，让大家都惊声尖叫。因为，我们当中有个朋友，马上就要展开为期一年的大壮游！要游遍世界五大洲，南北两极，墨西哥、秘鲁玛雅文明古城、地球拙火移动点和从小到大所有想去的地方！

这位因为月底就要启程而显得异常亢奋的女人，大声跟所有的姊妹们宣布：

"我不等了！在2012年12月21日以前，我要去实践我这辈子最想做的事！"她从座位上站起来，接着继续说："谁知道2012年12月21日那天，地球会发生什么事呢？假如末日真的来了，我可以跟自己说，这辈子我可是尽兴了！"

她花一百万元给自己定制了一套最高规格的豪华之旅，发誓："一定要散尽千金，爽到最高点！"摊开从皮包里拿出来的世界地图，上面全是用红笔画得密密麻麻的路线图，我们全好奇地凑过去看。

"但假如过了那天，什么都没发生呢？"这个决定一整年"只旅行，不上班"的女人，声音依旧高亢："还是很值呀！万一世界末日没来，花一百万活得超爽，还是赚到啦！"更何况，这个女人显然方方面面都想过了，"圆了这辈子的大梦，全世界绕一圈回来，我整个人一定会变得很不一样，没准就让我找到另一种更有意思的生活方式和全新的人生方向！"

站在旁边的玲始终不讲话。突然，她压低嗓子跟我说："她大龄不婚，美国会计师执照在手，一年后回来，地球没毁灭，照样职场风光，能有什么损失啊？"

我知道，她这几年来一直操心着两个孩子和公司，我理解她的心情，但我真的真的很替马上就要"快乐出征"的好友高兴！我只是弄不懂，为什么豁出去的快意人生，永远只是个等着我们去实践的梦，而不是一件我们想做就马上去做的事？为什么总是需要受点刺激，才会赶紧站起来行动？会不会等到我们想做的时候，时间却已经没有了？

我不爱杞人忧天，但也不至于无知到忽视全球天文学家观测到的太阳黑子变化。与其花一年时间愁云惨雾，等待答案揭晓，不如干脆把预言当真。就算无法跑远去圆梦，至少也要做到不再戴着面具"演"下去——有爱就及时表白，有心结就去主动解开，有恨就用宽恕让它烟消云散。

我尤其喜欢哲学家Alfred D'Souza曾经说过的一段话：

Happiness is a journey, not a destination. So work like you don't need the money, love like you have never been hurt, and dance like no one's watching.

像不需要那笔钱一样地工作，
像从没被伤害过地勇敢去爱。

幸福是个过程，而不是终点站。所以，

像不需要那笔钱一样地工作吧；

像从没被伤害过地勇敢去爱吧；

像旁若无人般地纵情舞动吧！

只有抛开恐惧，我们才算真正活过了这一辈子。

心灵重生。

我有一份很深的祝福，是要送给你的。

 ## 爱写日记的女人，不会老

把秘密说出来，本身就是一种疗愈。

你写日记吗？

不知道为什么，我从小就喜欢写日记。

一本接一本地写，每天写满一整页，记录的多半是一天所思所想，还有碰到的各种大小事情。长大进入职场之后，我每天还多问自己两个问题：我今天有做错什么吗？有说错什么吗？

写日记那一刹那，把心放空，笔尖轻轻停在纸上。不一会儿，它开始自动书写。不干扰，不打断，一直到它自己停下为止。

看一遍，咀嚼有意思的段落和句子，合上日记本，泡澡，看书，然后睡觉。

第二天早上，生活重新开始。

我常想，我忘性大，不太记得过去好好坏坏的事，或许跟这个习惯有关。

日记像海绵，把我一天的情绪都吸走，隔天，又从一张白纸开始。

日记也让我看到自己走过的轨迹。偶然读回二十几年前写的东西，还是常常哑然失笑，因为它真实记录我的思考惯性和盲点。重温过往，犹如站在楼上看楼下的自己。但是，对过去做过的傻事，我一点不羞愧，反而多了一份怜惜，心疼那个傻女孩当时为什么那么执着；也看清什么叫做生命的历练，和痛苦是怎么让人成长的。

纵使计算机更方便保存，还有很多人开博抒发心声，可是，我依然喜欢用纸笔写日记，并且只愿意把它留给自己，就是出差也要把本子带着，每天一笔一画地记录。尤其爱上自动书写，因为那让我有"回家"的感觉，是忙完一天后"归零"（"归灵"）的重要时刻。当下只有"自己"与"高灵"的对话，是与大我合一，最幸福的状态。

如果你不习惯自动书写也没关系，单纯写日记就可以。摘掉戴了一天的面具，你将处在一种非常私密的快乐里，用一种自悦式的满足，细品生命的韵味。不需要别人评断，更无需他人认同。你诚实记下一天的心路历程，从笔尖流溢出来的情绪，会在字间，笔画间即刻蒸发。于是，你完成了一天的自我疗程。

写日记可以帮助我们自省（"醒"），找到改变和调整自己的方法。心理学上有一种说法——把心里话说出来，犹如每天身体的新陈代谢。进入身体的负能量，必须转化出去才能使身心通畅，而释放后的轻松正是快乐的根源。

最近读到几年前美国马里兰州有位叫做法兰克·沃伦的男子，他不仅把这种精神体现出来，甚至因此帮助很多人一扫沉积心中多年的阴霾。法兰克从"小王子"故事明信片得到灵感，发起了一个名为POST SECRET的心灵运动，邀请不认识的人把藏在心里的秘密写在明信片上寄给他。几年之后，他竟然成为全美国最受信赖的"陌生人"，分享了数十万人说不出口的心事。后来他更把那些让他落泪，感动不已的明信片带到美国许多城市展览，震撼、启迪了无数人的心。

把秘密说出来，本身就是一种疗愈。好比全世界许多人写信到耶路撒冷，注明"上帝收"，再由教士把那些信塞进哭墙隙缝，传给上帝看；不管是祈愿还是忏悔，片片心念都透过纸笺传送出去。心，安住了；不安，平息了。每个人内心都难免藏着另一个无法公开的自我。但是，想要快乐进驻我们的心，那个阴影必须先挥去。放飞你的心，把心事勇敢写出来！

重温过往，

犹如站在楼上看楼下的自己。

Chapter4

内功识味

女生，你有权利"不选择"

"今天的女人从没遭逢过这么百花齐放的年代，

可以选择要怎么过，也可以选择不选择"。

今天的女人从没遭逢过这么百花齐放的年代，拥有上一代母亲，再上一代祖母都没有的权柄。可以坚强，也可以温柔；可以选择要怎么过，也可以选择"不选择"。在传统的价值观里，只有20岁的女人才是年轻，才是"天堂可期"，但如今，只要充分发挥愉悦自信的特质，你就已经在天堂，生理年龄不是重点，心态无龄才是关键。只要心无拘束，就能迈出生命的矫健步伐！

常有人问我，你怎么知道自己该换个舞台或跑道了？我总是回答：当你发现每天重复做同样的事，并停止学习（learn）和成长（grow）的时候。各路专家一直教我们做自己最擅长的事，如果你感觉这样就很满足，那很好，但如果你渐渐变得不快乐，甚至惶惶不安，那么，只有狠心把自己再次丢进未知，你才能重新活起来。

美国最具影响力的脱口秀主持人欧普拉，多年来一直敦促女人关切心灵与自我、食物与家庭、人际关系和身心健康。她说，只要接受一切可能性，你的人生将更宏观，更广阔，也更精彩！她透过节目不断强调女人的幸福和成就感，并鼓励"平民英雄"回溯当初成

只要接受一切可能性，你的人生将更宏观，更广阔，也更精彩。

功的关键时刻。欧普拉一生的奋斗史和对自我实现的坚持，印证了当女人坚定意志并时时怀抱感恩和回馈之心时，宇宙必然给予最大的肯定和回报。

法国时装大师Coco Chanel从小困苦，爱情也始终都是苦果。她一生钟爱男人，但却比任何一个女人都清楚，要使男人喜欢自己，不是成为他的附庸，而是反过来，让自己更具独立性。她把这股热情和执着放在时装上，大力鼓吹女人的服装不该为取悦男性而设计，应为自我存在、自我价值而发展。香奈儿贯彻了一生的信念——自由解放的主张一直到今天都还深深影响全球女性的意识和时尚思潮。所以，不要小看自己的信念，那常常是我们灵魂的使命和储备的最大能量。

很多人不知道自己一生追求的是什么，离开舒适圈，真的很不容易。大多数人上班赚钱，都是为了免除基本的生存恐惧。也有人为了发挥天赋，实现自我，但这类人很宝贵很稀少。从许多成功女性的例子，我们发现有一个方法或许可以帮我们找到那个目标，就是跟着你的"兴奋"走！那个兴奋，就是你心中的鼓声，当你谈它，做它，愿意为它多花一份心思，多燃烧一点热情，只要一触及它，你就立刻神采飞扬，永远不嫌累，请留意，那极可能就是你一直在寻找的灵魂的方向，只要从它出发，你必将循线找到今生的使命和精彩。

每天秀幸福，什么才是幸福

幸福和幸福感，还是不太一样的。

如果让你从一百个最美好的名词或形容词里，挑选出最让你心动的一个，你挑哪个？

嗯，想好了吗？

第一个出现在你脑海里的是什么？

青春？美丽？自信？有钱？健康？权力？地位？还是快乐？

但无论你想到哪一个，它必然是你目前感觉最欠缺，也是最渴望的一种状态。

我把它们统称为"幸福感"。

有的人只要有钱就觉得幸福。（日本最近一项调查发现，84%的日本女性认为"存款与年薪相同"才有幸福感！）有人觉得只要男人真心爱她就很幸福；有的认为孩子听话才算幸福；升官加薪更幸福；身体无病无痛好幸福，再有口福就超幸福……基本上，只要马斯洛理论（Maslow's Hierarchy of Needs）的五个要项：生存需求（食物、空气、水）、安全需求（免于被伤害）、社交需求（爱与归属感）、被尊重的需求（自我尊重和来自别人的尊重）以及自我实现（充分发挥潜能，实践天命），都依序被满足，我们就会自然而然地生出幸福感来。

而且不同人生阶段，需要不同的幸福感：年轻的时候，找到好工作是幸福；遇见真命天子是幸福；接下来生个孩子是幸福；有个自己的房子是幸福；年纪再长，不用担忧晚年生活，父母健在是幸福。七十多岁的股神巴菲特甚至说，活到他那个年纪，还有人爱他，是天大的幸福……

所以，不管什么样的身份和地位，"幸福"都是每个人一生最大的向往和追求，可偏偏这世界上绝大多数的人和事情，都没那么容易俯首听命，不会事事都顺着我们。常常你越追它，它就跑得越快；越在意它，它就越不好掌握。我们几乎所有的恐惧和不安，都是来自害怕失去幸福或者失去掌控幸福的能力。但是，幸福不是数字，也不是一件东西，它只跟我们的感觉有关。只要无常来袭，人事全非，我们的感觉就会改变，自以为掌握的幸福也会消失得无影无踪。

而且，靠外人和外力得来的"幸福"，我们都主导不了，它们迟早都会不见。爱情也是同样的道理。

所以，我的结论是：幸福必须"自我创造"，而且还必须要能自得其乐；幸福甚至可以变成一种习惯，只要常常去做自己一个人就能创造出幸福感的事，我们就能每时每分都拥抱幸福。

人生还教会我另外一个道理——傻气，才有福气。

朋友寄给我看的两个故事，特别打动我。

"有一个人打篮球，常常漏球输掉比赛。队友很生气：'你怎么这么笨啊，都抢不到球，能赢的都不赢。'他回答：'我们在球场，受那么多人欢迎，他们多喜欢跟我们打球啊！'"

输球，可以换来好人缘。

"有个女生常托同事帮她买早点，她总是给那个男生十五块钱。有一天这位男同事休假，她自己跑去买，才发现她买的早点，早就涨到二十元。从此以后，她都会多看那个男同事一眼。没多久，公司流传了一段佳话，'五块钱买一个老婆'。"

吃亏，可以赢得好感。

"幸福洋溢"的滋味，往往只有傻傻的、常吃亏的人才尝得到呢！

 ## 不可能既成功又讨人喜欢？

我们无法什么都完美，但至少总分还不错。

许多人喜欢问我："你是怎么做到工作、家庭同时兼顾的？"

其实，我并没有。

我以前生活常是这样的：丈夫在德里家中洗衣服，儿子在多伦多宿舍自己做饭吃，我的阿姨正帮我去公园遛狗，卫星电视费用明天到期，书房角落好几箱寄来的新书还等着我开箱，更别说下周好几个会议仍在等我做最后的决定了。是的，我经常分身乏术。

我读过美国"脸书"营运长雪莉·桑德伯格 (Sheryl Sandberg) 撰写的职场畅销书 *Lean in: women, work and will to lead*。读完就开始想：一个要做到职业、家庭两边平衡的女人，得有多大的本领才行？

桑德伯格是被美国《时代》杂志列为百大风云人物的精英女性，虽然很年轻的时候离过一次婚，但现在却家庭事业都得意。她在书里说，类似她这样既成功又能影响决策的女高管，实在太少了。全球195个国家只有17位领导人是女性，五百强企业CEO，女性也只占4%，但造成这个现象的是女人自己。她说："女人在遇到家庭事业两难的时候，往往因为低估自己的能力而退却。"她鼓励女性让另一半多分摊家务和育儿的责任，不可轻易放弃在职场发展的机会。

也许桑德伯格太精英，也太幸运了，她的话让很多女人感到刺耳，批评她："不是每个女人都跟你一样，想在权力上和男性一争长短，而是想拥有更多弹性时间去做自己想做的事，多和家人相处，否则成功又有什么意义呢？"

话是说得不错，但我觉得，至少桑德伯格观察到一些现象——只要有男人在场，女人就习惯坐到角落里；男人时常阻止女人打断他的发言，却比较能容忍其他男人对他这么做；女人做成功一件事，多会谦称是因为得到其他同事协助，功劳是大家的，男人却说是靠自己的努力跟本事搞定的；女人永远觉得自己不够好，社会也给女人很大的压力（剩女），以至于很多女性都把"结婚生育"列为三十岁前的第一选项，更别说职场多少还是存在着性别歧视的，例如男人只要被认为有潜力，就可以挑战更高的位子，女人却必须证明自己有足够的能力，才有机会被拔擢。

偏见加上自我设限，使女性普遍缺乏信心，没信心机会就少，机会越少，就越没自信，于是就形成了恶性循环。许多研究都发现"成功的男性"轻易就可赢得所有人对他的肯定和好感，而"成功的女性"往往被贴上"自私权谋"、"无情又很难相处"的标签。"很遗憾，"桑德伯格说得够直接，"女人不可能既成功又讨人喜欢。"尤其公司管理不可能让每个人都快乐，这对男主管不是问题，但社会要求女人多为别人着想，加上女人都有一种被接纳、被认同的心理需求，要她铁面施展铁腕，等于违背女人不好冲突和喜欢讨好人的天性。这也是女高管人数偏低的重要原因。

女主管还很怕被人说她容易"情绪失控"，然而我很同意桑德伯格的看法：社交媒体早已打破所谓"办公室"和"私生活"的严明界线。当你的老板公开宣称她正在跟身上那五斤赘肉搏斗时，你又怎会介意她偶尔在办公室里发脾气、掉眼泪？趋势专家预告"真诚"将会替代"强人"成为新的领导力特质，过去高EQ，代表你是个"情绪管理高手"，但现在却意味着你不再害怕公开自己的弱点。

家庭对女人永远重要，我们只需记得定出事情的轻重及先后顺序，却不需每件事都要求自己做到一百分。生命从来就是许多分数加在一起的，这边多一些，那边就可以少一点。

我们无法什么都完美，但至少我们总分还不错。

 我不自私，我只是太爱我自己

不受支配，就会清楚地看到自己承受压力的底限，

就会明白当繁花落尽的那一天，会如何自处。

你爱自己吗?

爱自己的女人什么样子?

在十年《悦己》的生涯中，我曾看见这样的描述:

"敢梦想，敢追寻，做自己爱做的事，脸上总是带着满足的微笑，总是细心打扮自己，常做精油Spa呵护肌肤，精心布置浪漫美丽的小窝，注重身心健康，在男人眼里、心里都是最自信快乐的女人。"

认同这份清单吗?

那么，我也来说说我自己吧!

我爱在家里点着蜡烛泡精油澡，那是一天当中最放松的三十分钟（幸福指数仅次于钻进被窝的那一刻）；我穿衣不受流行影响，四季质料，款式随心搭配（无规范，没规则）；我精心布置我的家（总是确保各角落随时闻得到我最最喜爱的香氛）。

我说的都是我想说的话（无法忍受自己是个假人）；但很遗憾，偶尔必须做点不爱做的事（你得同意，让我们成长的经验多半不太让人快乐）；我不太出现在必须出席又必须交际的场所（更喜欢面对面，感受互动的温暖）；我不总是满足，常需要细腻平衡内心偶发的矛盾和困惑；而这么忙于处在内心的种种变化里，我自然从不在意男人心里眼里的我是什么样子（难道我会因为他们不喜欢我而让我少爱自己一点？）。

是，你可以说我有点自恋，因为我"不受支配"。

不受支配使我了解自己。

不受支配，就会清楚地看到自己承受压力的底限，就会明白当繁花落尽的那一天，会如何自处。

爱自己，所以我知道我的人生不必完美；爱自己，所以犯了错我下次改进，没有罪恶感；爱自己，所以我知道我的爱人和我同样需要独处的时间和空间；爱自己，所以我知道我什么都能尝试，没有人能限制我；爱自己，所以我每天都问自己今天快乐吗，对什么人有用了；爱自己，所以我主动爱人也接受被爱。

不受支配，
就会清楚地看到自己承受压力的底限，
就会明白当繁花落尽的那一天，
会如何自处。

"爱自己"和"自私"不同。自私是除了自己，没有别人；但爱自己是先把自己照顾好，不让自己变成别人的负担，不让爱我们的人不安，然后我们就有能力去帮助人，去爱其他人。

　　从小，我们一直被教育少爱点自己，多爱点别人。可是，如果不能在自己身上先学习爱，我们就无法和别人练习爱。

　　我很喜爱一位印度哲人的话：

　　　　"玫瑰开得如此娇艳，是因为它们没有尝试变成莲花，莲花开得如此美丽，是因为它们没有听过任何其他花的传说。大自然如此美丽，是因为没有一件创造物企图与其他的比较，或是尝试成为别的东西，一切都是它们本来的样子。"

　　　　"只是去看看这一点，就只是成为你自己。记住，无论你做什么，你都无法成为其他人，所有的努力都是徒劳无功的，你必须只成为自己。"

　　而唯有透过爱自己，你才能成为自己。

　　你是玫瑰，还是莲花？

　　请抖擞花枝，恣意绽放吧！

不自在，就是"自己不在"

假如你剪了一个不适合自己的发型，

就等于是在过另外一个女人的人生。

一个朋友最近又重新装潢她的房子，这已经是她两年内第三次的大改装。我不得不佩服她对住家品位的坚持和追求，但是，它怎么看都像某个我很喜爱的度假精品酒店，从壁纸花色、浴缸边柜到墙角落的镀银蝴蝶装饰……一踏进她家，我错觉自己好像走进了那家酒店的房间。

还有个朋友，因为一直非常推崇某位知名设计师，所以她家里的风格，一眼看去就知道出自那位设计师的手笔。她说，那位设计师可是业界大咖，她预约了两年才轮到，特别难得。但明明是她住在里面，整个家却全是那位设计师的影子，连天天睡觉的床，都是那位设计师的得奖力作。她家还经常上杂志，所以每次出国买回来的大小装饰品，她都得问过设计师该怎么摆放才好。她说："设计师希望我们不要随意更动。"

我很错愕。家，不该是自己过日子的感觉吗？全是别人的感觉，你过的到底是谁的生活？（有句西方时尚评论者的话非常传神："假如你剪了一个不适合自己的发型，就等于是在过另外一个女人的人生。"）

穿衣也一样，虽是门面功夫，何尝不也在表达我们对自己的感觉？

不自在，就是"自己不在"。

张曼玉买品牌衣服，但买回家的第一件事却是把标签全部撕掉，然后用自己的方式穿搭，好不好看，是别人的主观感受，她哪里在意？许多女人穿衣讲求得体、不出错，但我穿衣却打不了安全牌；越不出错的衣服，穿我身上就越错。我的性格不太乖，跟着感觉随意穿才是我；过度讲究细节的服饰，穿我身上就是"不自在"（自己不在）。

当然，更年轻一点的时候，我也很困惑：该怎么打扮自己才最美？本来想按照励志书上教的：先找个role model，假装用她的眼睛看世界，学她走路，模仿她说话，随时观想自己就是她，直到完全内化到犹如她附体，就会自然而然地拥有跟她一样的磁场跟气质。好在，我是一个非常糟糕的模仿者，不然十几二十年后，我只是某某名人第二或她的分身，完全错过我自己的精彩。

看过一段有趣的小故事。有人问爱因斯坦，为什么不好好打理一下他那头乱发，爱因斯坦说："I am nobody, why bother?"后来爱因斯坦成名了，人们又问他，那你现在总可以打理一下头发了吧？他回答："I am somebody, why bother?"（有时，所谓的时尚评论是这样的：当你默默无闻的时候，叫做"没品位"，等你成名了，就叫"个人风格"。）

当然，敢做自己和自信绝对有关系，但自信不见得都是因为具备了别人没有的专业才干；有时，经历足够的挫败，也有机会蜕变成为一个有底气的人。

我有个著名的企业家朋友，他跟一般老板不同，专爱找有过失败经验的人帮他做事。我问他："难道你就不怕用错人吗？"他却告诉我，"没尝过失败滋味的人，只会一再重复他已经会的，格局有限；但失败过的人却知道反省。"他的理论是："已经在别人那里缴过学费，总不想再笨一次吧？"他尤其喜欢听那些人分析自己败在哪里，然后再跟他一起想出反败为胜的办法，当然，对手犯过的失误，他绝对不会重蹈覆辙。这位大企业家的用人哲学，果然聪明又大胆。（相信我，这种有智慧的老板，绝对会越来越多。）

成功人人追求，但失败才是最好的教练。

思忖怎么"活出自己"，题目有点大，你只要牢牢记住：

除非说的是自己的经验，否则你的话不会有力量。

 被人说过"矫情"吗

不想讲的话，与其言不由衷，不如不开口。

被人说过"矫情"吗？

没有？很好。

我最近可是被人这么说了。

被说矫情，是因为我讲场面话。比方朋友的小孩很皮，一副欠揍的样子，但碍于朋友情面，我就说："你的小孩真活泼。"我不喜欢某个人，却在事情谈完以后，跟他握握手，说："聊得真愉快，下次我们一定要再约！"我用在人际关系上的世故跟圆融，在我的老师面前，都叫"矫情"。

我不免委屈地替自己辩解起来：偶尔就是得讲些客套话，听的人心里不也挺受用吗？你为什么对我这么严苛？但他直直地看着我的眼睛，每个字都像根大钉子似的打进我的耳朵："你不是说要做真实的自己吗？心里不想的事，为什么要从嘴里冒出来？满口客套话，你不觉得自己虚伪吗？控制不住你的嘴，怎么控制你的心？不走实修的路，悉听尊便；要修，就不可轻易对自己放水。"

好吧，我承认你刺得我痛。

突然，想起在BBC看过的一个纪录片。讲述有Crazy Wisdom（疯智）之称的邱阳创巴仁波切的故事。片子一开头，美国Beat Generation（"跨了的一代"）代表人物、著名诗人Allen Ginsberg回忆当年，因为必须到处奔波宣传自己的诗作，厌倦疲累到不行。仁波切笑他："喔，你不喜欢你自己的诗？"Ginsberg急忙为自己辩解，仁波切又反问他："为什么你需要一张纸？为什么你不能像密勒日巴一样，做个伟大的诗人，拿着麦克风就直接作诗？难道你不相信你自己的心？"

预备讲稿，就是为了怕在台上讲话结结巴巴、语无伦次。但是，说话却恰恰表现出一个人的内心，是不是足够清晰与平静。"语言是练习身心合一的一种方法，你必须专注在自己说出的每一个字上，把你想说的话全部组织排列好，同步你的身语意。不在意自己说话的方式，你的身心将无法统一。"仁波切一语道破我们修行的盲点，以为盘腿闭眼才是专注，才是修行，但在这世界上，没有任何事物是在修行之外的，开车、梳头、洗盘子、把衣服折进抽屉里……心无旁骛地专注在每个动作上，就是修行。

印度瑜伽大师Swami Veda（斯瓦米·韦达）最近在他专为印度人开的Twitter上也说：Indian English has only 24 letters as T has all been drunk and Q's were never formed!!! Why are they not formed? Mind's dis-orderliness（印度人说话只用到24个英文字母，t和q都没有发出声来，那是因为"心思杂乱无章"）。心念一旦不够清澄，就无法专注在当下说的话上，以致讲话速度过快，咬字不准，听的人无法完整听进去，沟通效果当然大打折扣，更别说，魂飘三千里。

过去，我常常跟人说着说着，就突然走了神，然后很尴尬地问对方："呃，对不起，我为什么说到这件事？"或者："咦？抱歉，我说到哪了？"我以前是有名的"恍神女王"，更不必说常常走到哪儿，手上的杯子就忘到哪儿，说明我的身体和意识常常是分家、不统合的。后来，老师教我一个方法：讲话不可使用"我"这个字，一来练习去除"我执"，二来练习专注在说出去的每个字上，如此每天保持觉照一小时。这个方法非常难，起初和他一起练习的时候，他还要求谁犯规谁就得学狗叫。我常常抗议自己没讲那个字，但录音机却是证据。

"看不住嘴，就是看不住自己的心。"这我知道。

"不是心里想讲的话，与其言不由衷，不如不开口。"

这，是我最新的座右铭。

 算得准"事情"，算不出"心情"

请让我的快乐驻留久一点，使哀伤快点离开。

假如宇宙让你许个愿望，还很慷慨地让你实现，你的愿望会是什么？

最近，一位清大同学在写给我的一封信末了，问了我这个问题。

老实说，这个问题不算太新，也不是太难回答，但是我很久不许愿了，这位同学挑起了我的好奇心，所以，我很认真地重新思索答案。

最后，我知道我的愿望将是：

"请让我的快乐驻留久一点，使哀伤快点离开。"

三十五岁以前，我相信命运是掌握在自己手上的，但到了一定年龄之后，经历多了，就发现，人的生命有限，这辈子的快乐、忧伤，"数量"也是有限的，但它们什么时候来、什么时候走，我完全无法预知。常常才因为一点事情高兴着，就忽然听见一件让我生气的事，然后，快乐不见了，拥有快乐的时间竟然那么短；但正生着气的时候，突然，一件让我快乐的事情又发生了！它什么时候来？什么时候走？会待多久？都不是我能控制的；而什么要发生、什么不发生，变数也不在我手上。我唯一能做的，就是顺从内在的声音行事，做完，不需要为自己无法预期的后果、别人的反应惴惴不安；做成功一件事，也同样不必认为是自己的功劳。抱着这样的心态生活，对事、对人也不再抱任何期待，心，也就轻安、自在了。

有一回，我听中科院理论物理学家李淼教授说，他心里一直有两个疑惑：人的自我意识是怎么形成的？人类的存在，到底是一个偶然还是必然？

正巧前阵子看到美国一本即将出版的新书 *You Are Not Special* 的宣传语：Life is a great adventure to swallow whole rather than a checklist to complete. （生命是一场需要完全体验的伟大冒险，而不是一张必须逐项完成的清单。）这句话真的打动了我。我想，人类的出现，不管是偶然还是必然，我们都已经在这里了，眼下最该做的，就是赶紧用有限的时间，好好地去冒险体验一番。

生命是一场需要完全体验的伟大冒险，
而不是一张必须逐项完成的清单。

对无常的人生,
坏消息是"我们不想接球也得接",
但好消息是"我们可以自己决定用什么样的姿态来接"。

偏偏人生不如意事（不顺自己意的事），十之八九，比例不低，可见大多时候，我们以为每件事都是自己的决定，其实只是在被动回应环境跟别人抛给我们的球。但明白这个道理，不应该使我们丧气消极，反而因为洞悉了这个真相，才让我们警觉该用正向的心态迅速转念，将每个困境和烦恼转化为菩提（了悟和智慧），而且还要用上一生的时间，不断地做这个练习。

对无常的人生，坏消息是"我们不想接球也得接"，但好消息是"我们可以自己决定用什么样的姿态来接"。

我有个朋友，精通命理，但她告诉我：命算得再准，顶多只能算出你的"事情"，却算不出你的"心情"。因为，用什么"心情"看"事情"，是你自己说了算。

很久不对宇宙开清单了，因为不管我求还是不求，好事坏事照样轮流来报到。与你分享这个新的愿望，其实只是想跟你说，我不再跟以前一样，总是期待事事顺我的意思（反正忧伤也不会因为我不喜欢就不来），干脆接受这就是生命的常态，不想再费劲去伤什么脑筋了。

看来，"请让我的快乐驻留久一点，使哀伤快点离开"真是个贪想。

我还是每天谦卑地做好功课才是。

我们为何躁动不安

并非只有从事公益才能为自己找到"更高的意义"。

每逢开春，就到了"跳槽季"。大部分人换工作不外乎是为了拥有更高的薪水、职位，追求一个更能发挥才华，甚至是更大发展空间的公司。但过去的经验却告诉我，纵使心里设定的那些目标都达到了，我们的心还是会一样地躁动不安。

我年轻的时候问过自己，人工作是为了什么？在当时，只要能给自己赚份生活费，付清每笔账单，甚至能再存一点钱，就心满意足了。但今天我们显然想从工作中得到更多，例如自我实现、挑战创意、激发潜能、成长学习、获得肯定、期望活得比有限的自我更壮阔一点。用句简单的话来说，潜意识里，我们每个人其实一直不断在为自己寻找生命和存在的"更高意义"。（许多首富、企业家、著名演员热心慈善事业，甚至表明身后将裸捐所有财富回馈社会，就是因为这种人性的驱动。）

当然，对某些人来说，能活着就很有意义了，但也有更多人会问自己，我为什么要做这件事？做这件事能让我快乐吗？能使我更进步吗？甚至我做这件事，对社会、对身边的人有好的影响吗？

著名的心灵作家Robin S.Sharma引用过一句深深触动我的话："The job of leadership today is not just to make money, it is to make meaning." 不妨观察一下，你们公司出产的产品或提供的服务，对人有益吗？我们每天做的工作，能正向地改变任何人或任何事吗？只要每天这么问自己，就会渐渐地把做的每件事，和所有的生命都联结在一起。"你帮我，我帮你，我们是一体"，就是我们一直在寻找的"更高的意义"，只有找到"更高的意义"，才能让我们每天睡醒，都知道自己是个有用、有价值的人，每天的生活也会因此充满前进的动力和正能量。

我有一次打电话询问"可可西里萤火行动"的账号，因为我想用银行转账捐款，帮可可西里的孩子多买几盏太阳能灯，让他们在夜里可以念书。听得出来，那位工作人员非常重视我的电话，急切又热情的语气深深感染了我。我知道，这女孩不仅在做一件帮助人的事，更在创造自己的价值，她在这份工作里找到的意义，必定会大大提升她对工作的满足感和坚持下去的续航力。

但并非只有从事公益才能为自己找到"更高的意义"。如果你是一位老师，你可以问自己，你是把注意力都放在每天准备教材上，还是你有意识到，当你每天走进教室，你手上掌握着比父母们更大的权力，因为你随时都在塑造、影响年轻孩子的心智？

如果你是一位理财规划师，除了帮客户做财务规划，心里是不是也想着，该怎么帮助客户在他50岁，甚至更早之前，就能无忧无虑退休，好好地去享受人生？

如果你是一位销售，就想，你每卖出一样产品，都可以为消费者带来很大的欢乐和便利；就是一位整理家务的阿姨都可以这么想：我每天把屋子清扫得一尘不染，干干净净，让雇主每天都心情愉悦，喜欢回家，该有多好。

　　更别说一个文字创作者，要时时刻刻提醒自己，用真与善的意念写下每个字，使读者在字里行间，都能领受到爱的能量与莫大的鼓舞。

　　工作的时候，把心思专注在不断创造对人有益的价值上，我们就会对原本感觉乏味的工作大大改观，一心一意地帮助别人，才会使我们一天比一天更爱自己。

　　因为只有悦人，我们才能真正悦己。

 一百分淑女和好人？

　　如果你想要感性的生活，不自我愚弄是极其重要的。只有对自己直率，你才会明白你对其他人直率的价值。

　　朋友跟我说，有部德国电视剧*Knaller Frauen*，中文译名《疯狂女士》，在网上非常火。她们想知道我感觉怎么样。我没听过这部剧，所以就去网上找。看了三集，觉得好笑极了。显然编剧和导演想透过一个喜剧女演员和戏谑的桥段，帮女人发泄受压抑的情绪和负罪感。假如你是个非常在意别人怎么看你的女生，这位"疯狂女士"绝对可以帮你出口气！而且德国剧会引发中国女性热议，显见东西方女人处境类似。人类的荒谬和可笑，果然不分国界和肤色。

我们大多不是在乎别人的眼光，就是忧心什么人会在我们背后说三道四。为了维系那么点所谓的形象和尊严，有人钢甲大刀不离身，非证明自己是对的不可；而战斗力薄弱点的，就压低身段，委屈讨好，巴望自己在别人眼里，永远都是一百分淑女和好人。但"疯狂女士"一点也不管别人用什么眼光看她。她讲自己想讲的话，做自己想做的事，甚至不顾形象，大大咧咧、旁若无人地做出极其夸张丑陋的动作，而这样的"疯狂女士"肯定是少之又少的，不然就不会出现类似*Knaller Frauen*这样的热播剧。（只有特例才会变成被大力发挥的题材，要是每个人都是心口如一，表里一致，有什么就表达什么，惺惺作态、故作矜持的女人反而会被拍成搞笑剧，供大家啧啧称奇。）

有一次，我去上海和朋友一起喝下午茶。当天很多人关心的话题，也正好围绕着"怎样才能不在意别人的看法"。老实说，想完全做到是不太容易的，真做到，那叫做开悟。不过，我们也不是每件事情都在乎别人的看法，只有我们越在意的事，才会越害怕、顾虑别人的眼光。不再跟人比较，只说自己想说的真心话，会让你的人际关系经历一段阵痛

对自己始终诚实，
你就会看透很多事情。

期，但是只要过了那段时间，你会变得心安理得，只因为你已经做到尊重自己、爱自己。

印度瑜伽智者萨古鲁说的一段话，我非常喜爱：

"如果你想要感性的生活，不自我愚弄是极其重要的。只有对自己直率，你才会明白你对其他人直率的价值。"对自己始终诚实，你就会看透很多事情，很多别人认为很重要的事，对你来说就会显得不再重要，甚至毫无意义。如果你不能对自己保持绝对的直率，你可能会花费一辈子时间，来处理那些干扰你的鸡毛蒜皮的小事，直到你意识到所有的担忧对自己都没有什么好处。你可能会被纠缠其中，枉费一生的时间，那是一种生命的浪费。

这辈子，我们都是孤身一个人来到这个世界，也将孤身一个人离开这个世界，中间的人生路怎么走，全靠你自己决定。"朋友都结婚了，我是不是也该结婚了？妹妹都生孩子了，我是不是也要快点生？那家公司薪水真高，我老公要我赶紧跳槽，但我现在这份工作也挺好的，你说该不该换？……"

问我吗？

萨古鲁说的另一句话是个不错的回答：

"如果你有需要，你就去做，没有这样的需要，就没必要因为别人都在做，或别人要你做而做它。你不饥饿，为什么要吃饭？"

我们不是孩子的Boss

从他出生到大，我没读过一本育儿书。

儿子前天跟我说："妈咪，我希望你以后帮我教我的孩子。"我愣了一下，用半开玩笑的口气回他："行啊！没问题，要我用哪套办法？"他认真地看着我的眼睛："就用你对我的方法。"一股热泪夺眶而出，我赶紧转过头，不让他看见。呵，这该是一个男孩对他母亲最大的恭维吧？但是，我到底对他用了什么方法？我不禁思忖。

相识多年的朋友多半都结了婚，甚至迎来了生命中的第一个孩子。你们一边辛勤工作，一边又想做个最好的妈妈，给孩子一个充满爱的童年。你困惑的是，从没有人教过你，该怎么做才能两边兼顾？要怎么养育孩子，才能确保他有个最好的起步？

在我们这个社会，假如你想从事比较专业的工作，都必须先通过考试，取得资格。唯独"为人父母"这一项，什么执照都不必考，好像当个父亲、母亲，不是什么太困难的事，我们被允许可以"边养边学"，但好坏自己负责。我们紧张的是，没有一个孩子是相同的，我们面对一个完全陌生的生命，爱他、疼他，却一点也不了解他，偏偏他又是我们一生的牵挂和牵绊。我们难免要战战兢兢。

从他出生到大，我没读过一本育儿书，也没跟专家、朋友讨论过关于他的任何"教养问题"，反而他让我看见自己的冷淡僵化和粗枝大叶：小时候，同样一部周星驰电影，他可以看几遍就大笑几遍，我无法理解；前一晚熬夜看书，第二天一大早他可以爬起来遛狗，却要我再多睡会儿；大庭广众下，他可以抓着麦克风疯狂摇摆，五音不全却还是忘情高歌，我就是害羞。问他为什么别人讲话他从不插嘴，是因为礼貌，还是没什么自己的看法？他说："都不是，我只是喜欢听别人说话。"深更半夜回家，我要他先跟我上15楼，电梯一到，我径自开门进去，他却退回电梯按B1，好让在地下车库停车的爸爸不必等太久。你看，我哪教得了他？我倒希望知道他究竟有什么秘诀，竟然可以活得这样自然又真诚。

充其量，我只是比他多知道一些社会上的"生存技巧"，但那些东西不必我教，他早晚自己就会学到。而且孩子一出了家门，我们根本不知道他会遇见谁，看见什么，做了什么，他们向朋友倾诉心事，而不是父母（嘿，我们不都是这样吗）。所以，我很早就期许自己宁当儿子的"朋友"多过当他的母亲，爱他，而不是限制他。这当然不容易做到，毕竟对孩子，我们认为我们有教养的义务和责任。但是，我还是努力做到不处处向他下指导棋，而是根据他的每个提问，为他分析可能的"状况123"，让他自己思考，自己决定。有趣的是，他往往会衍生出更好的第4个办法！最重要的，你会惊喜地发现，"选择题"永远比"是非题"更让孩子肯亲近你，把心事告诉你。当然，你得从他很小的时候就开始对他这么做，否则等他大了，发现他有烟瘾，再跟他说要和他交心做"朋友"，他的反应恐怕只会让你气得捶自己。

爱，永远指的是自由，是给予而不求取。

感谢老天送我一个老师，让我不断学习。

 爱他，就让他做自己

你怎么知道她就是我想娶的女人？

那年暑假，儿子从加拿大回来看我，然后我们再一起飞去印度看他爸爸。从他离家念中学、大学，我们一年就只相聚一次，所以你知道我有多珍惜。在候机室里，我隔着墨镜打量那个壮硕帅气，整整高出我一个头的阳光青年，脑海里闪现的，却是一个拿着爸爸的刮胡刀，踮着脚尖，对镜子装模作样的稚气孩子。啊，那是多久以前的事了？

从一出生，这个男孩就是我最挚爱的baby。每天晚上，他都紧紧贴着我的胸口，握着我的手，要我快点讲三只小猪的故事给他听。轻吻着他黑软的头发和小脸，我编着一个又一个三只小猪的"续集"，直到窝在我怀里的男孩，发出轻轻的鼾声，才小心翼翼地将他的小手移开，关灯摸黑回自己的房间。直到有一天，当我正想伸出手，抱着他讲故事的时候，男孩忽然转过身，背对着我让我抱。我愣了一下，然后笑了出来，因为我知道我的男孩长大了。从那天起，换成他到我房间，弯腰亲我的脸颊，说"妈咪晚安"，而我总是转过头，目送他离开的背影。啊，那个曾经躲在我衣裙后面的羞涩小男孩，已经变成一个男人了。这么多年来，我也一再提醒自己，他已经不是那个一直黏着我的孩子，我不能再做以前那个唠叨又事事爱管的妈妈了。

但就在一家去印度阿江塔石窟 (Ajanta Caves) 旅行的路上，儿子突然亲密地搂着我的肩，说他刚刚在酒店墙上看到一个超好笑的笑话，非讲给我听不可。（我们下榻的度假酒店很有意思，到处张贴着很多印度式的笑话。）

"一个男人跟他妈妈说他要结婚了，于是带了三个女孩回家，要他妈妈猜猜看，他想娶的是哪一个？他妈妈看了一眼，就说'中间那个'。那个男人非常惊讶：'太不可思议了！你怎么知道她就是我想娶的女人？''因为我不喜欢她。'他母亲回答。"

我也马上跟他分享另一个我在房间桌上读到的笑话：每个母亲费尽心血，花整整二十年时间，终于把儿子教养成一个聪明又有智慧的男人，但忽然跑来一个女人，只花两分钟，就把他变成一个"笨蛋"！

当然我是在说笑。我其实早就看清，不断对孩子下指导棋，女人最后注定只能哀怨无奈。我们早晚都得放手，让孩子自己长大，让他去探索 (Explore)、实验 (Experiment) 和经验 (Experience) 他自己。孩子只经由我们生下来，我们其实并不真正拥有他。3个E才是他最好的人生导师。

而昨天，他又及时给我补了一课。

我比他先回北京，但我每天晚上还是习惯用微信对他东叮咛西嘱咐。"记得去坐印度的嘟嘟车，很有意思的一个经验喔。"突然，对话停止了。接着，一段文字跳进来：

> "妈咪，你不说，我也把它列在要做的事情里了，只是你讲出来我就觉得不自在，好像我到时做这件事情是为了你做的。_I respect you and love you in every single way, but adolescents pull away from their parents in search of their own identity._"

呵，我想起来了，当年的我比他更叛逆！但是当了妈妈以后，我却忘了将心比心。想想自己，不就是这么挣扎着长大的吗？宝贝，谢谢你提醒我，你永远深爱我，你只是需要我放手，让你能够大胆去体验你自己。

认输的人，才能赢

人只有在被逼到墙角的时候，才会急中生智。

有一次去杭州和读友见面。有位长得纤细又美丽的读者问我："你是怎么做到悦己、悦家庭、悦工作的？"

老实说，我不是个一百分的妈妈、女儿、妻子和职场人，只勉强够得上及格分数而已。看那位读者殷切等待答案的表情，我一下不知道怎么回答才好，正踌躇着，一句显然不是大脑想的，而更像是从心里深处忏悔的话，从口里冒了出来：

"不逞强，就能做到。"全场瞪大眼睛。

我一向自认是个认真负责、与时俱进的"新"女性，尽管嘴上不这么标榜，行为举止必定流露出什么来了，因为常有人说我严厉、强势。

（显然水瓶座近乎冷淡的理性，从我的外表上一览无遗。）

《地藏经》里描述"南阎浮提众生，其性刚强，难调难伏"，我这个众生很容易自以为是，又不听规劝，以至于常常情绪动荡，倍受煎熬；尤其，有抱负又自视甚高，凡事都想做到完美才罢休，当然部分原因是希望给自己一个交代，但心里未尝不是想在别人面前表现自己的厉害和优秀？

我有个好友，从小到大都是考场、职场上的常胜将军，连结婚也要拼到一个条件最好的老公。她说她其实很累，但偏偏这辈子就是相信"每个人都要有把自己照顾好的能力"，而且坚信"馅饼不会自己从天上掉下来，必须不断为自己奋战才能收获"。

当年，她说这话的眼神很震慑我，更吓人的是，我居然在她身上看见自己的影子？！难道我骨子里，也是这么相信的？不然，为什么我老觉得自己是个独行侠，凡事只能靠自己，别人都帮不了我？我的生活简直是一场接着一场的"战役"，以致时间不够用、身体撑不住，就是差强人意地把事情做完，又老觉得这里少做了什么，那里又做错了什么，尤其在生下儿子以后，那种烧心的感觉更强烈。

人只有在被逼到墙角的时候，才会急中生智。

我该怎么解套？答案很快就浮现：认输，放弃赢！

于是，我向婆婆认输，说她骂我对数字"笨"是对的。这一低头，往后二十多年，婆婆年年帮我填报税单，年年帮我省下许多钱，还帮我处理繁杂的租赁事宜，其用心专业的程度，我完全没得比。

做家事技不如人，向儿子、老公撒娇认输，于是天天倒垃圾、洗衣晾衣、洗菜洗碗盘，全是他们俩在做。

个性急躁、耐性有限，向同事认输，于是他们知道一定要充分发挥所长，补我的短处，这样就能一起做出最好的成绩。

而我，只需要专心做我最擅长，也是别人最需要我input（投入）的部分就行。通过这样的合作，不仅事情很快完成，而且每个人都成功。（欠点人情不是什么坏事，何况，我们都希望自己对别人有点价值。）

不爱面子、不逞强，坦白承认自己需要帮助，就会"赢"：

赢得好人缘，更赢回健康、快乐的自己。

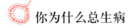

你为什么总生病

一旦明白这个事实，并深切反省自己，

无论走到哪个转角路口，都可能遇见"菩萨"。

什么是真正的爱自己？给自己买个昂贵的好包？常常做SPA？去神往已久的胜地旅行？吃遍美食？还是谈场浪漫的恋爱？

都不是。

最近一场病痛，让我终于发现了答案。

生病，多半是因为选择的生活方式、思想模式和对情绪的执着造成的，而宇宙能量的运作犹如回力球(Squash)，你发出的每个意念和情绪，最后都会回到自己身上；挥出的力量多大，身体承受的力道就有多大。

一旦明白这个事实，并深切反省自己，无论走到哪个转角路口，都可能遇见"菩萨"。

那天，正要上医院，不巧下起滂沱大雨，我匆匆上了一辆出租车。

看上去六十多岁的司机先生，从后视镜里看了我一眼。

"小姑娘，你上哪？"

"对不起，我不年轻了。"没有因为被低估岁数而高兴，我淡淡回了一句。

"我对每位上车的女士都是这么称呼的，就看听的人怎么反应。上次载到的那位八十几岁老太太，可是高兴得要请我吃糖呢。"想必察觉到我声音里的无精打采了。

忽然，他念了一段我耳朵跟不上的经文，我继续低头不语，然后，他又径自说了起来："人与人相处呀，不过就是亲切地递给对方一杯茶水嘛！夫妻、家人、朋友，都是如此。对他说，来，别生气，我们喝一口水吧，你说，他的气还生得起来吗？"烦躁的心一下被灌进一股清凉，我抬起头，看着他的后脑勺。

"请问，你用'脑'吗？"又是一个让我生出一百个问号的问题。

"当然，我就是大脑用太多了，还希望能少用点。"我知道自己答得很敷衍。

"你确定？"他后视镜里的眼睛，掠过了一抹戏谑。

"确定不是用你的情绪？"哇，脑袋突然被棒子硬敲了一记。不禁暗惊：司机先生，您说得真对，我好像都是拿情绪去反映每件发生在我身上的事，美其名曰"沟通"，其实沟通从没有发生过。

我头皮发麻，短短十分钟的车程，"菩萨"竟来为我上了一堂这么结棍的课！

但事情还没结束。隔天，我收到朋友寄给我的一份原文书稿，是印度瑜伽大师Swami Rama的演讲集。随意找一段来读，一读进去大吃一惊，因为那根本是延续前一天的第二堂课！

Swami Rama说，瑜伽修行的第一条戒律是"非暴力"，所谓"非暴力"就是在自己的心念、言语、行为中都不带"暴力"。"暴力"来自内心的软弱，只要大脑理性不起作用，我们就会生起负面的情绪，甚至说出暴力的话、做出暴力的行为，而愤怒会破坏我们内在的宁静和善良。他说，生起负面情绪，就等于是对自己"施暴"。因此，不受负面情绪控制，是"非暴力"的第一步，内心安静祥和了之后，就不会对别人以及万事万物生出暴力的心。

于是，我就学着这么一点一点地觉照自己的情绪。昨天，我先生在Skype上跟我说："你不错呀，感觉你现在都会换个角度看事情了。"我回答他："换个角度？呵呵，我没角度。"

我了解到，只要是人，就会有自己的看法，要是你对什么都微笑说好，就没什么不好，心不较劲，就平和，心一平和，就做到对自己和对别人"非暴力"。对方如何他自己负责，但你怎么反应，你对自己负责。

爱自己，不是用物质刺激感官，那种快乐既短暂又虚幻。只有关心别人，顾及别人的感受，爱所有人，不排斥任何人，每个心念、行为都不带暴力，才是真正的爱自己，爱身边的每个人，爱这个有情的世界。

病痛，也许不见得都是坏事，因为它会让你谦卑地仔细凝听来自宇宙和灵魂深处的教诲。

宇宙能量的运作犹如回力球，你发出的每个意念和情绪，
最后都会回到自己身上，
挥出的力量多大，身体承受的力道就有多大。

"悦"过自己，才知小我难耐。

在这里，写下你的『悦己』心得吧。

未来心
不可得

年轻的时候不懂，
以为好命就是有钱、有事业，可以当主管，做老板。
后来才明白，事业、志业、职业都是「业」。
事多大，「业」就有多大。

第三部　·　越己
·
·
·

Chapter5
心之所触

地震中的"肉身菩萨"

爱要及时表白，

谁知道明天和意外哪个先来。

　　一位气绝多时的母亲，弯着腰，紧紧保护着刚出生的孩子。她在临去之前，用手机短信和她心爱的宝贝告别，希望他永远记得母亲是那么地深爱他！汶川震灾让我们体悟天地无情，事事无常，这位让人心酸的母亲，更深深触动我的心，我想，这大概就是佛法里说的"肉身菩萨"吧！

　　还有一张照片，我到现在仍然无法忘怀——

　　一个惊慌的新娘。应该是一生中最美、最幸福的时刻，却在突来的天崩地裂中，戴着白纱，提着厚重的白色礼服，只身一人，惊慌失措，在漫天灰沙倒塌瓦砾中仓皇奔逃！

　　画面上，孤零零，不见刚刚才海誓山盟紧紧牵住她的手的那个男人，所有贺客全都自顾自逃命，甜蜜婚礼瞬间震成碎片！

　　我忍不住想，这个满脸惊惶的新娘，一辈子恐怕都要困惑，老天为什么送她这样一份刻骨铭心的贺礼？但是，转念又想，这何尝不是一个幸运的女人，她很快就领悟了当无常来袭时，自以为紧紧抓在手里的幸福，竟是如此脆弱！

人总爱趋吉避凶，谁都不会无事天天想着灾难几时降临到自己头上，但也不会特别珍惜健康平安的现在，以为日子每天都会这样不变地过下去，任性地用自己的方式耗损生命，所有想做的、该做的事都被无止境地延到以后再说，直到无常发生，失去亲人和健康，才惊觉自己竟过得如此漫不经心。

我一个事业强人朋友在她自嘲"总算撑过半个世纪"的生日宴会上，当众高声宣布，从那一刻起，她需要巴结、讨好的人终于变少了，所以不再压抑，要开始为自己快乐地活下去！然而代价却是两个月后检查出来的晚期胃癌。

一个好友的哥哥是传统严父，从儿子出生，就对他采用"斯巴达式"的严厉教育，结果14岁的儿子竟在一次校外教学时翻车离世。这个男人完全崩溃！朋友们都知道他其实深爱着儿子，但是这个刚毅的父亲却从不触碰儿子的身体，从小到大都没抱过儿子，跟他说爱他。

他们都再也没有机会了！

当无常来袭，你是什么心情？懊悔无奈？还是深幸无常提醒了你，要赶紧调整错误的步伐和心态？

无常里往往藏着"讯息"。不管认识还是不认识的朋友，他们的故事都帮助我们思索看待生命的角度和态度，这就是所谓菩萨慈悲众生，以肉身示现的意思。

悦己语录里本来有一条"爱要勇敢表白，谁知明天和意外哪个先来"，但新闻频繁曝光的灾害让我们惊觉，"勇敢"两个字应该改为"及时"！要"及时"对我们的家人、朋友说出我们内心最真挚的爱！因为人生苦短，我们还能有几个明天可以等待？

双手敬谨合十，衷心感恩、礼拜所有身边的朋友和这次震灾中离去的菩萨，给了我们如此深刻的领悟。

耳朵，让你我成为"有情菩萨"

曾几何时，需要有人倾听
竟然变成我们最奢侈的渴望。

在《悦己》工作的日子里，读者写来与我们分享的信真是非常非常多。好几个深夜，浸淫在她们的心情里，听她们真心分享自己不幸的爱情，告诉我她们做了一件多年后仍旧后悔不已的傻事，说有多痛恨自己现在的工作，还有对父母的无奈和不得不顺从的苦衷。似乎，她们的痛苦从来无人可以倾诉，说的话没人听，因为每个人都有难以启齿的烦恼。又该说给谁听？幸运的读者也不少，她们说，在《悦己》里得到启发，看到很多和她们处在一样困境却勇敢走出一片天地的人，大大宽解了她们深埋心底的惶恐和孤单。

曾几何时，需要有人倾听竟然变成我们最奢侈的渴望。似乎再也没有人可以只是轻轻握着我们的手，不带批判地听我们的心声。不再有朋友可以不扮演心理老师，只是单纯地，温柔地抱住我们，倾听我们泣诉内心的压抑和郁闷。很多年前，就有朋友半开玩笑地跟我说，他打算投资一个新兴行业：倾听工作坊——专听人说话。三大保证：保证听的时候绝不睡着，绝不插嘴，更绝不泄密。他说，铁定大排长龙。

现在想起来还真有点感伤。

社交网络的兴盛多少也有点这种需要人倾听的心理投射。在社交网络上码字、相互打气，成了另一种心理治疗和心灵安慰的方式，让人感觉不再孤独，生活有了支撑的力量。可是，如果花了很多心思设计撰写，却没人上去响应，心里的失落感恐怕会更大。

离苦得乐是我们每个人一生的追求，但想得到幸福，就必须先内心快乐。法国哲学家Matthieu Ricard说："在佛法里，造成痛苦最主要的原因就是'自私'，带来真正快乐的最重要因素是'利他的爱'。"当我们快乐的时候，自我的重要性就会降低，会更容易对他人开放自己。很多研究都一再证实，只要做出一项与自己利益无关的好事，那种喜悦会带来极深度的满足感！不妨试试，在真心无私地赞美别人，帮助别人之后，你的身心会感受到一种很深的放松和满足感，而那种满足感，就是幸福！很多人认为，拥有金钱就是幸福，但请再深入感受一下，那其实是安全感。如果再把让自己感到幸福的事一一列下来，倘若那些快乐都是来自外在条件，世事无常，你就会知道那种幸福感有多么脆弱了。

我最喜欢的节日，就是每年的圣诞节了。虽然这个西方节日现在已经非常商业化，但每年这个时候买礼物送亲人和友人的起心动念，都是："她需要什么？他会喜欢什么？"在那一刻，我们只想到付出，比较少想到自己；我们感觉"富有"，感觉"慈爱满溢"；在他们打开礼物的一刹那，我们也好像感受到了和他们相同强度的快乐！然后，我们升起了一股甜蜜蜜的幸福感，领悟"手心朝上打开，永远比紧握拳头拥有得更多"！

我常在想，闻声救苦的菩萨肯定是世界上最幸福快乐的人了！给得那么多，意味着拥有无限给予的大能量，永远圆满。有种修行法叫观想法，我觉得不应该只是观想一尊佛，一个菩萨，而是应该把自己观想成就是那尊佛，那位菩萨，然后把这种观想用到日常生活中，每当遇见让我们愤怒，忌妒，厌恶的人的时候，就观想：是佛，是菩萨，会怎么做？遇见需要关爱，需要倾听的人，佛、菩萨又会怎么做？

请进入深爱无尽的幸福殿堂，让你我成为彼此的有情菩萨吧。

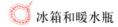 **冰箱和暖水瓶**

> 普通小孩的心是冰箱，暖流进入还没多久就冷掉了；
>
> 福利院孩子的心是暖水瓶，暖流可以保温很久。

我曾经收到过一封男孩的信，想把这封信摘录到文章中。因为就"爱"的这个命题，我无法写得比他更真切、更触动你的心。

他十七岁。之所以结识，是因为有一次去"半边天"公益团体的活动演讲，而这封信是我当天下午回到办公室，一打开电脑就跳进眼帘的，速度之快，让我惊讶。我把他写给我的信，摘录其中两段与你分享——因为他让我看清，谁才真正有资格教会我，"爱"是什么。

"我是一个福利院的孩子，经常有很多企业到我们那里捐款、捐物，但是他们不是爱我们的，也许只是觉得我们可怜，或是觉得我们只要吃饱穿暖就可以了。但不是这样的，我们内心深处也是需要关爱的。

在我上小学一年级的时候，大家都还不知道什么是福利院，我可以跟正常的孩子一样学习、玩耍。可是慢慢地，到了四年级的时候吧，大家开始渐渐疏远我，我开始意识到我跟别人是不同的，于是我学会了一个技能，就是笑，微笑。

我开始无时无刻不在微笑。被戏弄的时候，我在微笑，被孤立的时候，我在微笑，被用异样眼光看着的时候，我在微笑，听见同学在背后小声议论我的时候，我也只能微笑，因为只有这样，我才能厚着脸皮和他们玩耍。为什么我要这么做，因为我不想被排挤，不想被孤立，那种感觉您能明白吗？……虽然只有一个下午的相处时间，但是那种关爱我已经感受到了，因为这种东西对我来说太敏感了，是真是假我可以快速地发现。是你让我感觉到关爱是这样的啊，就像是妈妈关爱孩子一样，让我觉得好温暖，我已经太久没有感觉到这种温暖了。

最后要与你离别的时候，我有一股想哭的冲动，要知道，我可是可以把悲剧片当喜剧片看的人啊。……对不起，写得这么乱，但写东西一直是我的硬伤，所以就凑合着看吧。"

看完信，我的眼泪泛滥决堤，久久无法说话。但隔天，我又再度陷入忙乱的截稿中，直到事情都忙完，才有时间坐下来给他写回信。而就在回完信，几乎忘记这件事的时候，男孩的信又来了：

"……现在的人为什么越来越感觉不到惊喜了，因为人们开始越来越小心了，走了这一步，后面的200多步都已经想好怎么走了，感觉什么都在意料之中，如果有点什么出乎意料的事发生，反而会反省是不是自己考虑好的步骤哪里出错了？

刚开始的时候，我每天至少会检查两次邮箱，几天之后还没看见回信就有点失望了，我以为我所感受到的那种温暖是假的，让我一阵灰心，然后，我再一次查看'半边天'的邮件，看见您回信给我了，这让我激动不已！原来您没有忘记我，还是有把我放在心上的，让我再一次感觉到了那种温暖。如果爱是一股暖流，就我所知，现在大部分的小孩是冰箱，暖流进入还没多久就冷掉了，或者根本就没有在里面温暖过；而我们却不同，我们多数像暖水瓶，暖流进入后可以保存好长一段时间，而且我们都很期待这种温暖，所以，请不要吝啬您的爱……"

　　萍水相逢，才去讲了两小时的话，竟收获得比孩子们还多，我真是应该脸红惭愧！

　　读过、听过无数关于如何可以更幸福的书籍和讲座，却没有一个人的描述，能让我的心想放声高歌！也许，我不该向已经自认内心满满是爱和幸福感的人学习"幸福之道"，而该向我们认为比较"不幸福的人"去学习表达爱和体会爱的方法，因为，只有他们才最清楚"爱"品尝起来应该是什么样的滋味。

　　孩子们加油，世界好大，千万别说前途茫茫，找不到自己的位置。你们都会像那张送给我的卡片一样——每个人都用不同颜色的笔，找到喜爱的空白处，并签好自己的名字——恰如其分地站在老天为你们每个人都准备好的位子上，发挥天赋的独特才华。

是的，我已经可以预见数年之后，将换成你们站在台上，而我坐在台下，带着敬佩赞叹的眼神，分沾你们无比自信闪耀的光芒。

心是流淌着爱的暖水瓶。

 多想快乐的事，就是环保

我们一天二十四小时，从眼睛睁开到睡着，

至少动过九万个念头。

任何一个起心动念都会影响自己和别人的命运。

是的，你没看错："多想快乐的事，就是环保！"

改拿环保筷、多种树、使用双面打印纸、多利用太阳能产品、改提环保袋、节省用水用电，甚至吃素免得肉类食品产生甲烷导致地球升温。每则几乎都可倒背如流的环保知识，确实可以用来解决环保问题，可是，你知道吗？负面的思想比我们的行为更容易污染环境，而快乐的思想可以解救地球！为什么呢？因为我们住在一个两元并陈的世界，一切事物都是正反两面同时存在，例如有黑暗就有光明，有丑就有美，有好就有坏，有大就有小，我们眼里看见的都是物质，但你看过它的对立面——非物质吗？你说它在哪里？它就是我们的情绪和思想，肉眼看不到，却真真实实存在我们呼吸的空气和天地的磁场里。当你遇见爱和喜欢的人，心一开，眼前见到的事物全变美了，感觉世界都发光了，每个人都好像在跟你微笑；但一碰到让你充满恨意、愤怒的事，你马上感觉世界变黑了，周围发暗了，心情一下子掉进地狱了。一群快乐的人在一起，周遭的环境立刻被彩色的能量围绕，每个人发出的念头都是真的、美的；对别人，对社会都充满敬意和善意，你说他们会做出危害人和环境的行为吗？

研究还发现，我们一天二十四小时，从眼睛睁开到睡着，至少动过九万个念头（脑子连做梦都还在忙碌）！而一个意念影响一个决定，一个决定导致一个行为，一个行为牵动整个世界。任何一个起心动念都会影响自己和别人的命运。

这些研究提供我们一个极大的可能性，就是如果我们一方面减少危害环境的行为，并不断发出善的意念，人类和大地都将更为平衡。《秘密》(The Secret) 这本教授如何运用意念"心想事成"的书在全球大卖，主要就是它说明和见证了正念确实可以让我们交上好运。

突然想到19世纪英国诗人弗朗西斯·汤普森 (Francis Thompson) 的诗句：

All things by immortal power,

Near and Far

Hiddenly to each other linked are,

That thou canst not stir a flower

Without troubling of a star.

万物生发，由近及远。

隐约神秘，彼此互联。

女人美丽不是因为她穿华服、会打扮，而是因为她内心快乐而强大，那种强大的内心力量，就是奢侈品也比不过她的闪亮光芒。

你是你思想的产物，聪明的女人必然深谙此道。

你快乐，地球才快乐。

 ## 环保不是时尚，是高尚

人生还没玩够，没有了这个地球，

我们到哪里再找一个这么精彩、这么丰富的地方？

最近看新闻和绿色节目，除了恐怖袭击和明星八卦，日益恶化的地球环境是大家最关切和谈得最多的话题。世界组织和各国政府一直在做该做的事情，但是，我们个人又能为自己和这个地球做点什么呢？

前不久，我读了一本书，*Way of the Peaceful Warrior*，书中有一句话："和平勇士不主动追求逆境，但是当逆境找上他，他充分利用。"也就是说，如果把逆境看成一次次自我超越的机会，我们战胜困难的次数和自我实现的快乐将会增加很多。

冷静回溯，你会发现生命总是不断向我们彰显它的运作法则，那就是我们诞生在这个地球上的目的，是为了来学习和净化灵魂，任何世事、外界的无常总把我们带离最安全、最熟悉的地方，好试炼我们的生命韧度和当时的成长状况，有点像是老师出的晋级考题（相信我，那一道道考题可一点都不好玩）。假如我们能找到答案，甚至解题段数高过考题本身，那么，一种驾驭生命的充实感，将在我们心里油然而生，永不消退。

如果考题是遇见一个"傲慢"的人，那是宇宙让我们学习"谦和"；遇见"愚笨"的人，是宇宙让我们学习"耐心"；遇见"凶暴"的人，是宇宙提醒我们学习"宽恕"；遇见"通货膨胀，荷包变扁"，是宇宙要我们赶紧检视"想要"是不是已经超过了"需要"。当地球温度一天天升高，洪水、传染病很快就要再度严重侵袭，是宇宙提醒我们"给出去的爱是否根本不够"。因为如果真的爱我们的亲人子女，爱生长滋养我们的环境，我们的行为会表现出来。我们一定会保护环境，我们一定采取行动减少碳排量，一定会坚持用环保的方式生活。我们不会认为自己力量有限而不做，不会因为别人不做就不做，因为我们真的

"爱"！想想看，当你对自己的生命许下承诺，决心从此一天比一天更好，你会需要看别人做什么、说什么，甚至要他们同意吗？

阿富汗著名小说《追风筝的孩子》里，一辈子为理念奋不顾身的父亲，在教育他胆怯的孩子时，说了一句让人震撼的话：所有罪恶都来自"偷窃"。说谎，等于偷了人们知道真相的权利；污染地球就是偷了孩子的未来；不做我们该做的环保，就是偷了全人类生存下去的最后机会。何况我们的人生还没玩够，梦想还没全部实现，没有了这个地球，我们到哪里再找一个这么精彩、这么丰富的地方？

做了半辈子的媒体从业人员，更是从一出生就受大地之母滋养，必须做一个衷心感恩地球的孩子。

请从此刻开始承诺自己做一个更好的人。

 听不到"心里的声音"？教你！

怎么分辨那是心里的声音，

还是大脑出来捣蛋的噪音？

最近朋友刚从印度回来，将近三个月的徒步旅行，带回一身奇妙的宁静。她说她一回到家，转手就把一柜子的华服全送了人，因为，"我的心告诉我"那些都是累赘负担。我还记得她上一趟和我去巴黎,因为堵车而错过进LV"大血拼"的一脸沮丧。

一位过去共事多年的朋友最近走了,年纪轻轻,事业成功,却得了大肠癌,她是在陪她妈妈去做体检的时候"顺带"发现的。她跟我说,刚听到诊断的那一刻,她先是愣了几秒,然后当场号啕大哭,不断问满脸遗憾的医生:"为什么是我!"

两个月后,她跟我说她明白了,因为"我的心告诉我,诱发癌症的三大原因是熬夜、外食和压力,我的quoea都已经到了极限,为什么不是我呢?"一直到她离开,她的心都非常安详,眼泪一滴都再没流过。

朋友的妹妹学校毕业后,一直拒绝找个事做。她最常说的一句话就是,我喜欢和别人一起工作,不喜欢替别人工作。去年,她无意间在探索频道上看到一个节目,介绍一群年轻人到非洲和那里的孩子一起生活,还教孩子念书。第二天,她急着跑来跟我说,她听见心里的声音了,她一定要去加入那些年轻人的行列。一个星期不到,她上了飞机。

她们都说听见心里的声音,并遵循着那个声音告诉她们的方向去行动。心理专家也常常说要倾听内心的声音,只是,我们该怎么分辨那是心里的声音,还是大脑出来捣蛋的噪音?

多年前,一位德国修行者教过我,把两件都很重要可是却难以抉择的事情分别假想放在两只手上，然后闭上眼睛，双手自然向两旁摊开，放空，几分钟后，睁开眼睛，看哪一只手比较沉重，那就是你心里的声音。我试了一下，发现果然一边的手比较重，于是我调皮地问他，那假如我现在两边互换一下，说不定结果不一样呢？他的眼睛立刻充满笑意："现在，这是你大脑里的噪音。"

然而，"直觉"或者说"心里的声音"一定是对的吗？

这位毕生在世界各地旅行讲学的修行者说了一段往事。十年前，他听从"心里的声音"把一生积蓄都投资到养生事业上，不到一年，不善经营的他，不仅把钱全部败光，连妻子也离开了。"难道，那个声音是错的？""不，"他很快地回答，"那困顿的十年带给我心灵上从没有过的突破和成长，是再多钱财都换不到的！那笔财富只会让我到死都只是个平庸胆小的人。"

有趣的是，心里的声音往往不是用文字在脑子里和你对话，有过这类经验的朋友告诉我，他们听见的所谓"心里的声音"，其实比较像是一种"身体的悸动和兴奋"，更多是种"平静笃定"的感觉（而我的讯号则是心窝会升起一阵炽热，紧接着眼睛泛出泪光）。任何人，只要用心寻找，都会找到灵魂和他发讯号的方法！

这本书读到哪一页、哪一句话时，如果你突然发现身体在用只有你和它知道的方法发"讯号"，请记得一定与我分享。

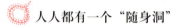 人人都有一个"随身洞"

看见，却没听见，经历，却没经历，
那真是一个最奇特的感受。

前阵子去台北洽公，竟遇上今年最强烈的台风，我住的酒店在三层，硕大的落地窗正好面对绿意扶疏的窄巷。宣布台风即将登陆的那天下午，我早早把该办的事办完，就赶紧搭车赶回酒店。

一路上人车稀少，每家店都打烊了，空气中弥漫着一股令人窒息的燥闷。据报道，苏力最大风力将高达17级，这个强度，据气象专家形容，是连大树都可连根拔起。

什么也做不了，我冲杯茶，环抱着腿蜷坐窗前，带点小不安地等待天地变色。

小巧雅致的房里阒静无声，一个熟悉的场景突然浮现脑海，那是多年前的云南石林，我在峰峦嶙峋的石林里打坐。那是一个午后，一个宇宙洪荒，轰然寂静的午后。"嗯，这家饭店的隔音真好。"我跟自己这么说。

等待的时间总是让人昏昏欲睡，我开始恍惚起来，然后就睡着了。没想到，等我眼睛睁开的时候，竟发现台风疯狂秀已经上演了，原本伸进我阳台的那棵大树，竟被拦腰折断，左前方楼房的屋顶整个被掀开，马路上尽是被吹落的招牌，碎裂的钢片像利刃四处横扫！我起身想打开落地窗，站到阳台上亲身感受17级飓风的威力！但门是锁死的，气密强化玻璃把苏力完全隔绝在外，连丁点声音也渗不进来。我只好退回椅子上，把身体又重新蜷了起来。

一个晚上，安坐室内。看见，却没听见，经历，却没经历，那真是一个最奇特的感受。

第二天，我和朋友说起这个奇异的体验。他说："你可以把在酒店里的那个境界记住。外面风雨归外面，内在永远有个私密宁静的空间。佛家说，佛在灵山莫远求，灵山就在汝心头，人人有个灵山塔，好向灵山塔下修，就有点这个意思。"他的上师告诉他，不必去深山找岩洞修行，随时都可以进入自己"内在的密室"，并戏称那叫"随身洞"，而且人人都有。

回了北京，又是每天开不完的会，处理不完的事，但我顺着他的建议去做，该说什么说什么，该做什么做什么，说完做完，就保持安静，实行起来一点也不费力。也许，曾经亲身经验过，重新回想那个状态就比较容易。

那次台风也帮我另一位好友找到了"随身洞"。"我家阳台门的螺丝松脱，先前也没注意，结果那晚酿成大麻烦。我用力拉住门，不让门飞走，可是大自然的力量实在太可怕了，几次我都差点连人带门飞出

如果你是一个身体，当然就有物理世界，

如果你是一个心灵，就一切都是心灵。

去！一整个晚上，像在划船一样，累死了！感谢神，最后门竟然奇迹般地没飞走，玻璃一片也没破！"她说她从不知道自己这么力大如牛！只要一想到自己那天晚上的神勇，她就什么都不怕了。

把每个奇妙、美好的心灵体验收集起来，就是你专享的"随身洞"。未来的事谁都预测不了，但我们会有足够强大的心理冲破每一关。

特别喜欢印度圣人Sri Ramana Maharshi说的一句话：

"如果你是一个身体，当然就有物理世界；如果你是一个心灵，就一切都是心灵。"

肉眼所见，都是物理现象，用心眼观照，就会找到让内心强大的珍宝。

 你被卡在了什么岔路上

当"心"一回到原点，

马上眉头松了，郁闷消失了，整个人柔软了，

内在升起智慧。

想跟你说说我两个朋友最近的经验。

一个疯狂地迷上登山装备，每几个月动辄花上一两万块钱，增添最新器材，还专门为她那些宝贝准备了一个房间摆放。

上星期，她要我去她家参观她的"收藏"。

当我推门一看，当下目瞪口呆，好几排不同御寒系数的各色长短衣裤，最新型护膝、登山靴、登山包，满架子各类商品简介跟书籍！她忙不迭地一件件介绍，从型号演进到配备级数，再到各种材质之间的差异，巨细靡遗，听得我头都晕了。

我不知道她几时变成了登山"装备"专家，只记得她最早是爱爬山，喜欢锻炼身体，一到周末就呼朋引伴到近郊运动，纾解身心，后来更爬遍全国大小名山，还远赴瑞士参加登山健行。那时，她总是神采飞扬，全身上下散放着让我羡慕不已的光彩，但现在竟成了"登山装备收藏家"，不再登山，反而把大把时间都花到"研究"和"采买"各类装备上。现在的她，肤色黯淡，身上失去了当时傲人的神采，从"与天地合一"的快乐转变成"不断更新配备"的焦虑。

另外一个好友，事业越做越大，压力加上气血循环差，整天病恹恹，所以我介绍她去学瑜伽。学了一段时间以后，身体大为改善，压力也舒缓了，本来还为她高兴，没想到她一升入所谓的"高阶班"以后，因为动作难度加大，她要求自己把姿势做到最正确，于是把"身体必须扭到某个角度，腿必须抬到某个高度"变成另一个必须奋力达成的目标，竟然跟自己身体较起劲来。

这两位都是事业非常成功的女性，原本都各自找到了减压的方式，但后来却都犯了坚持"专业"的毛病，把嗜好变成了另一个必须征服的挑战，忘记当初做那件事的目的。

我点了她们一下，当然，这两个聪明女人一点就通，马上就笑出来了。

不过，我自己也不比她们高明到哪里去。刚结婚的时候，我也同样糊涂。自诩为"新"女性，在很多方面都跟婆婆持不同意见。我意气用事，让老公夹在中间非常为难，对这个婚姻，我灰心无奈，就在想干脆放弃的时候，倏然回想起当初嫁给这个男人，不就是因为爱他才相约一起过人生的吗？跟他之间的爱没变，怎么我却把它变成了跟婆婆的"战争"了？

当"心"一回到原点，马上眉头松了，郁闷消失了，整个人柔软了，内在升起智慧。我很快就找到与婆婆和乐相处的方法。

一直到今天，只要不小心又陷入负面情绪，我就赶紧回想自己当时做那件事的目的，把自己从岔路带回起点，重新调整心态和步伐，然后，世界又开始顺畅地向前进。

我们最初进入一个关系或启动一件事，其实都只是因为一个最简单，最快乐的理由，但后来却不由自主地陷入欲望或权力争斗中，遗忘了当初最美好的那一念心。

此刻，看见自己卡在什么岔路上了吗？

回到你内心深处——那片"最原始的快乐"中吧，你会拨去所有阴霾，重新踏上原本单纯喜悦的路。

"知道"却"不选择"的后果是……

无思无想，无感无受，

精明强大的大脑终于停机了。

你说，对一个长期在外忙碌奔波，又不肯好好休息的人，有什么办法才能让他甘心停下脚步，歇息一会儿？

答对了，就是让他生病。

我小时候就是个健康的好奇宝宝，每天下课到处玩耍，没有一样事不好奇，不想尝试。每年的健康检查结果都是优等生，我非常得意自己天赋异禀，拥有无穷的精力，做任何我想做的事，纵使偶尔来个小感冒，隔天也会很快复原，然后又生龙活虎地外出办事。旺盛的体力和精力，让我超快地完成很多人生指标。但是，这个自豪的速度，最近这一年开始慢下来了，情况甚至变得有些棘手。我不仅常常感冒，而且几乎每个月一次，痊愈的时间也越拖越长。

我陷入从没有过的沮丧中。

上个月，我照例忙碌，可是，又病倒了。不同的是，这回老天决定让我知道，我不断生病的原因和后果。

那是个下了班的周五夜晚，我累瘫在沙发上，体内热气不断直往上冒，呼吸困难，我起身打开冰箱拿出冰水往口里猛灌。很快地，胃开始抽搐，豆大的冷汗直流。糟了，消耗过度的身体，怎么禁得住灌得那么猛的冰水？

半夜，胃痛如绞，我咬牙痛晕了过去。

天刚发白，胃不疼了，但身体却像幽灵似的轻飘飘的，犹如腾云驾雾一般。紧接着，感冒的症状出现，头像被利刃一刀切开，刺痛无比，全身骨头酸软无力。恍惚中，记得曾张开过几次眼睛，呆滞地盯着前方，又沉重地闭起来，继续仿佛永无止境的沉睡。

无思无想，无感无受，精明强大的大脑终于停机了。纵使意识清楚，身体就是动不了。我像一部被拔掉插头的机器，停摆了。

像过了一个世纪那么久，我终于坐起来了。床边的钟指示着周日夜里十点一分。我慢慢起身，移动到客厅，打开窗户，一阵清风拂面吹来，当下没有坏情绪，也没有好情绪，就像一张刚刚抚平的白棉纸。缓步走进厨房，取出锅子、淘米、点火、搅拌，我给自己熬了一碗热腾腾的白粥。

把一口热粥含在口里，等它慢慢从喉咙滑下去。瞬间，胃暖了，心开了，灵醒了。我重新启动了。

啊！空气怎么这么甜？米怎么这么香？欢喜的念头才起，一个画面突然飘上心头，我想起了那是《与神对话》里的一段文字：

"你们有系统地摧毁自己，却又指着灾难是神的残酷愚弄。世界会以它现在的样子存在，正是因为你们自己选择的。"

我这下惊醒了！我知道所有让自己健康的方法，却"不选择"过健康的生活；我知道所有节制的方法，却"不选择"过均衡的人生。所有的"不健康"根本是我自己选择的！

生病的时候，我抱怨老天"为什么是我"；看到自己怎么对待身体，我反而应该问自己"为什么不是我"。

这次它很客气，只对我"强制关机"两天，要是我再不放慢，并改变永远忙不完和错乱的作息表，下回它会用什么更严厉的方式指正我的错？

生命是一连串"选择"的过程，每个"选择"都决定我们会过什么样的人生。

这场病，却让我看见了"知道"却"不选择"的后果。

 ## 老天用一部手机，考了两个人

这件事，可以非常小，也可以非常大。

对于我们这颗善变的"心"，我最近有一个很不一样的体会。

有次出差一下飞机，先去上洗手间，但一直等到出了关，才惊觉把手机放在台子上忘记拿！我惊慌失措，拉着手提箱转身就往回奔！

一路狂跑，脑海里出现了一个声音：完了！铁定被拿走，再也找不回来了；但接着又出现一个更大的声音：啊，我会不会跟韩寒一样幸运，手机被善心人捡到，失而复得？

洗手间里，拥挤的人潮早已退去，只有清扫的阿姨和一两个旅客正慢条斯理地对着镜子梳理头发，当然，台子上的手机早已不翼而飞。我急着向一个女孩借手机，不停拨打我的手机号，但是没半点铃声，一片死寂。一脸同情的女孩说："那个人一定故意不接，按掉了。"另一个女生也凑过来应和："哎，他肯定早就把你的SIM卡丢掉了啦！"

我不气馁，奔下楼，冲到机场失物招领柜台查问，但是没人捡到任何手机，我再借柜台电话不断拨打。这回，电话响了好几声，却还是没人接起来。

出了关，我不死心，跟接机的公关借手机继续狂拨……突然，有人接电话了。电话那头传来一个很轻、很细的女子声音，我兴奋激动到几近尖叫。语无伦次地跟她道谢，然后赶紧跟她约好待会儿怎么碰面。我真的无法镇定，你要知道，我那部手机既没设密码，又没装置任何卫星定位系统，里头装着近两千张家人的珍贵照片和六百多个朋友的电话，最要命的是，我没有备份！

坐上车，我的心还是一直怦怦狂跳。40分钟后，遗失了两小时的手机奇迹般地回到我手里，而且，我根本没有机会当面见到捡到我手机的那位女孩，因为我儿子早在我赶到酒店之前，就已早先一步，帮我从她手里取回，交给了我。

当天一起参加活动的朋友听我说起这段经历，都连声大呼："怎么可能！"有个朋友甚至扮演起福尔摩斯，一把抓过我的手机，翻看那两小时内的所有通话记录，然后斩钉截铁地说："你看，她既没交给机场失物招领柜台，那么多通打进去找你的电话，她也不接，更没试图去通讯录找你家人的电话，直到你打的最后一通电话，她才终于心软接起来。我敢打赌，她一直在等你放弃，从开始就没打算还给你！"

不可思议的是，当天晚上的活动送给每位来宾的礼物，竟是一只墨绿色皮质手机袋。看到那只袋子，我的眼泪当场夺眶而出，立刻就把手机装进那只暖暖的小袋子里，并紧紧地将它贴在胸前。

如果你也相信"everything happens for a reason"，那么你一定了解，为什么我会这么震惊。

我从没掉过任何手机，但宇宙却在这个时刻，用它精心设计了一场心性的试炼，最厉害的是让两个应考人连面都不必见，就各自交了卷。我永远不会知道女孩心里究竟想过什么，纵使曾经天人交战，最终采取的行动，才真正决定她是一个什么样的人。恭喜她通过考验，向宇宙表明自己是洁净的灵魂；对我的教训则是我并没有真正体会"亲情和友谊"才是我这辈子最应该好好珍惜的宝藏。我对身边的人，珍惜得还不够。（我横竖都该被上天告诫，但是谢谢你，女孩，因为你的善念，才让我不必经过揪心之痛来学习这堂课。）尤其对人性的光明面，不管以后遇到什么事，我永远都要乐观期待，并且坚定不移。

这件事，可以非常小，也可以非常大。

真心与你分享。

你是在帮助人，还是在管闲事

> 凡是我听见的，都会忘记；
>
> 只有我亲身走过的，会成为我一生难忘的记忆。

心灵鸡汤（唤醒心灵的讯息）不一定都很严肃。

有位朋友传了一个笑话给我：

有位老先生乘坐公交车，旁边坐了个小孩，手上拿着一大包巧克力拼命吃，不一会儿就吃掉大半袋。

他出于好心，跟小孩说："小朋友，巧克力可不能多吃，吃多了会生病的。"

小孩看了他一眼："我爷爷今年103岁了。"

他好奇地问："是因为吃巧克力吗？"

"不是，是因为他从来不管别人闲事。"

我把这个笑话讲给很多朋友听，没有一个不哈哈大笑的，但我却笑不出来。不是因为这个笑话不好笑，而是它正中了我的要害！

　　所谓的"管闲事"，无非就是过问了你不该过问的事。虽然古有名训：各人自扫门前雪，莫管他人瓦上霜，但现在的教育却也告诉我们，看见不合公理正义之事，就要不平则鸣，挺身而出，也就是"我为人人，人人为我"。但今天，真正具备侠义心肠的不多，热衷打听、议论别人八卦的却很多，还爱对各种跟自己不相干的事发表意见，甚至讲到大动肝火，激动不已，仿佛众人皆醉我独醒。这种跨出个人界线的意见发表欲，往往耗掉了我们最宝贵的元气和能量。

　　帮助人和管闲事只有一线之隔。以前，我相信企管学上讲的"走动式管理"，就是主管不应该一直坐在座位上，要不断到各部门走动，亲自观察并和各部门同事聊聊天，了解大家的心声。每次我都认为我是在帮助人，但后来经验累积多了，这才发现，一半以上的人或朋友都不需要我的"协助"，他们的表情和后来的反应都告诉我，他们很满足于现在这个状态，那是他们要的；频频主动指点、给意见，有时只是想展现自己的专业才能高人一等而已，更何况，我不一定每次都是对的。（尤其，习惯性地到处找人讲话，也很可能是因为无法或害怕独处？）

　　纵使预测和经验法则是正确的，但"遇到问题，解决问题"是每个人往前进步、必须自己跨过的坎，我凭什么拿走别人学习、成长的机会？有句话说得好：凡是我看见的，都会消失；凡是我听见的，都会忘记；只有我亲身走过的，会成为我一生难忘的记忆。

于是我学会分出一条界线，界定什么叫做"管闲事"：

别人主动找我给点意见，我就以我知道的，叙述一下；没人找我，我就安坐桌前，好好读本书，就是盯着一个定点发呆也是休息。不插手，让该发生的事自己发生，安静地蓄积能量，让心智保持寂静，不动念、不主动造作。

我很喜欢塔罗大阿尔克纳牌里的"隐士"牌(The Hermit)。正如牌意指出的："隐士"需独处，以便反省；需从日常生活中隐退，以便让潜意识活跃起来；需每隔一段时间暂别外在世界，以便唤醒内在的自我。唯有狂心顿歇，才听得见内心的声音；为使翻腾不已的心智静如止水，必须将干扰降到最低，如此，才能窥见造物主隐藏在布幔后面的智慧。

灵肉合一，虚（外在）实（内心）并进。花花世界固然迷人，值得感受、体验，但探索内在却是我们永远不该停止脚步，且惊喜连连的"自我发现之旅"。

尘缘一时尚难解脱，想维持身心喜乐、平衡，何不从少管他人闲事，减少说话的欲望开始。

是的，我是在邀请你与我一起享受the sweetness of doing nothing。

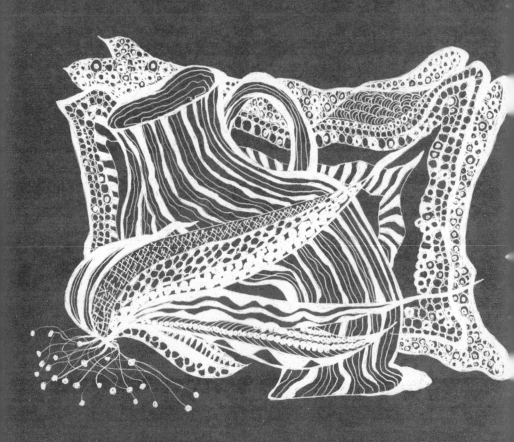

凡是我看见的，都会消失；

凡是我听见的，都会忘记；

只有我亲身走过的，会成为我一生难忘的记忆。

21天，让好运不请自来？

> 宇宙的任何安排都是善意的，它的目的无非是要激励我们学会怎么越过眼下的困境，而一旦你突破了，就必定会大大提升你的内在能量。每一次挫折，都是进阶。

愿意和我一起做个小小的实验吗？每天都做一件把爱传出去的事，天天帮自己和社会制造悦能量。做的事不必大，真心赞美别人一句话、帮后面的陌生人扶住电梯门等等，都是传递美好能量的有效动作。21天之后，看看你的快乐和好运，是不是从此常常不请自来？

《真原医》的作者杨定一博士说，只要心中满是感恩、关怀和慈悲，我们的心脏就会出现协调的频率，使心血管功能变得良好，也会让神经系统处在平衡的状态，甚至在心里感到委屈或愤怒的时候，只要赶紧真诚地感恩（你可以这么想，宇宙的任何安排都是善意的，它的目的无非是要激励我们学会怎么越过眼下的困境，而一旦你突破了，就必定会大大提升你的内在能量。每一次挫折，都是进阶），我们怨怼的念头就会归零，也就能跳脱情绪和烦恼的恶海；还要时时提醒自己心存感恩、忏悔、希望与回馈，尤其，慈悲是宇宙最大的疗愈力量，唯有彻底转变错误的心念，我们才能恢复健康，重新找回生命的喜悦。

我一直有个习惯——只要听见、看见一个让我沮丧的新闻，或见到有人做了不太好的行为，就会像内建功能似的，马上自动做个good deed（善事）把它"平衡"回来。我们的世界，是正与反两元的组合。黑暗永远（也必定）存在，没有黑暗，就彰显不了光明。我们都期望光明普照，永远强过黑暗，但这必须不断以充满正面能量的行动，去扩大光明的范围。

我想，我昨天可能"小小地帮助"了一个在严寒街头散发餐厅宣传单的小女孩。每个经过她身边的路人，都对她视而不见，她一定是必须把手中的传单发完，才能得到老板给她的一点点报酬。所以当我走近她的时候，马上伸手从她发抖的小手上接过传单，和她说谢谢，还让我的朋友们都拿一张。见她冻得红通通的脸上，露出大大的笑颜，我的心好暖好暖。一个朋友跟我说，她也要参加这个美好体验：

每天拍一张照片，记录下最美妙的时刻，上传到社交网络，和身边的朋友分享快乐；出门前给老爸一个拥抱，说："爸，你多笑笑更帅耶！"（老爸立马乐开了花）吃老妈做的菜，用力赞美："妈，这道菜真好吃，再来一碗饭！"（即使老妈做饭味道一般，但听到赞扬，她会更加信心满满）每天会带狗狗遛弯，跑跑跳跳，和邻居微笑打招呼，鼓励它认识更多"小朋友"……

你也可以试试看。21天后，你的好运也许真的不请自来。

我知道你没睡，可你此刻醒着吗

就因为三更半夜，

才有机会瞥见"自己"与另一个"自己"隔着一道旋转门。

你确定此刻的你，醒着吗？

会问你这个问题，是因为有了怀疑。

事情是这样的。

有天夜里，邮箱收到当月的信用卡缴款通知，照例很快地扫描所有的数字。忽然，两笔数额极大的支出引起了注意，尤其那两笔的刷卡时间，只相隔了二十分钟。

血液倏地一下凝住，一团大疑云！怎么也回想不起那两笔超过万元的刷卡记录是怎么来的。定睛看屏幕上显示的公司名字，抽丝剥茧、回溯记忆，还是半点儿印象都没有。

哎呀，难不成被盗刷了？！

砰地跳起来，赶紧打电话给老公、儿子和所有亲近的朋友，但没有一个人能帮着一起回忆，刷卡记录上的那个星期六，到底发生了什么事？

蜷卧在沙发上，懊悔怎么脑袋一片空白。两笔不小的数额哪，竟一点蛛丝马迹都没有！

过半夜了，没救兵了，怀抱惴惴不安的心上床，心里边念叨：明天要早早起床，第一时间就打电话给信用卡公司查清楚。遭人盗刷的画面和麻烦的后续处理，一幕幕地在脑子里上演。

正揪着心，突然，看过的一部著名电影*A Passage to India*（《印度之旅》）也同时出现在眼前：印度男主角被冤枉逮捕，他的英国好友急着请一位印度教授去拯救他，但这位印度教授却一直不慌不忙地把话题岔开。英国人急了，问他为什么不正面回应他的请求，印度教授这时才慢条斯理地回答：事情已经发生了，现在着急，能改变它吗？

身体一放松，晃晃悠悠地不知道过了多久，竟然"听见"自己在下指令：五月二日，在哪里刷过这两笔钱？几乎与问题发出的同时间，一个清楚的画面跳出来了：桌上放着两件饰品，一条不规则形状的冰晶项链，一只豹身柔软纯银手镯，在一个四周满是欧洲垂帘的古董珠宝屋里，一只手取出皮夹，刷卡买了它们。不仅清楚看见每个动作，还重温了当时"乍见精致手艺的惊喜和决意犒赏自己的兴奋"。"嗯，知道了。"听见自己跟自己说。

第二天清早，起身走进厨房，煮杯香气四溢的纯浓咖啡。看着窗外还没苏醒的城市，小区静谧无声。

使尽浑身解数无法找到的答案，竟在梦里不费吹灰之力地自动浮现，犹如探囊取物，只消把手伸出，就马上读取到需要的讯息，跟阿汤哥在科幻电影《少数派报告》中，读取先知档案的状态很像，冷静笃定，想看什么就看见什么，完全处在一种"知道"的状态中，因为所有经历过的，全都被好好地存在云端，可以随时查阅。反而白天醒着的时候，心是悬浮的，能量是躁动的，无时无刻不充满着对所有人、事、物的计划、焦虑和困惑。

老公说，当时马上联络信用卡服务中心，不就真相大白了？但就因为三更半夜，不可能有人帮客户彻夜清查，才有机会瞥见"自己"与另一个"自己"隔着一道旋转门。然而，哪边实？哪边虚？哪边昏睡？哪边清醒？睁开眼睛的一刹那，竟不知身在何处。

灵魂很慈爱，也很狡猾，它总在最狼狈、最可笑的时候逮到你！

PS. 发现没有？这篇文章一个"我"字都没出现，因为不知道究竟哪个"我"在写。

 ## "好"的"坏"的，都是"对"的

原来记忆"短"竟然是个大优点，每天都好像又重新来过。

有个经验想与你分享，因为有一点小小的特别。

有一次去纽约开会，对这个曾经住过四年的城市，我自然有着不一样的感情。

你要相信，

宇宙的任何安排都是善意的。

一旦你突破困境，

就必定会大大提升你的内在能量。

十月底的纽约已经很有寒意。傍晚开完会，一个人漫步在第五大道和中央公园旁的人行道上，多年前，每天都必须走过的路径，现在记忆里竟已一片模糊。还以为会拾起一点当年的情绪和感受，可是，却一点也找不到当时顶着刺骨寒风挤地铁，赶上学，熬夜写报告，日夜思念家人的苦闷，也遍寻不到任何其他生活上应该有过的快乐印象。我有些失落。一直到坐进街边一家咖啡馆里，望着开始飘雪的街头，我安静下来，头脑停止了思考。

　　就这样坐了不知道多久，突然，意识切进了我到现在都不知道的时空点，一片空白之际，影像突然像海浪一样从前面席卷过来。除了在纽约念书那几年的点滴，从小到大曾经哭过，笑过，痛过的画面像排好顺序，画质清晰地在我面前一页页翻开，而我犹如旁观者，看着它们在眼前一幕幕上演，但也只是看着，没有任何情绪升起。

　　没有时间感到惊讶，因为影片很快播完，然后戛然停止，时空霎时又回到当下此刻。而这一刻，我看见自己低头举起杯子，嘴边的咖啡，香氛扑鼻，热气腾腾。

　　什么都发生过，但也什么都没发生过。

　　我无法解释为什么出现生命倒带，但是就在那个刹那，我觉知到生命对我真是优待极了。

　　我是个情绪反应强烈的人，但情绪来过转身就消失了；我很在意工作和生活上的每个细节，却总是做完了就忘了。原来记忆"短"竟然是个大优点，每天都好像又重新来过。而且多年来，我一直认定发生在我身上的每件事情，无论是"好"的还是"坏"的，全部都是"对"的，所以此时我可以安然坐在一家温馨的咖啡馆里，独自享受这当下无人打扰的清静时刻。

老实说，我缺点真的不少，但只要改正一个缺点就开心到不行，因为那让我觉得自己挺棒的；我也很怕痛，但碰到"针头"却从不闪躲，因为知道痛过那一下就过去了，而且会因为熟悉那个"痛"而不再认为那个痛有什么了不得；当然，我也不特别留恋美好的经验，因为很清楚它跟痛苦一样，很快也会过去（你真以为买个名牌包、客户那句赞美话可以让你兴奋多久）。

只有痛苦的记忆和对未来的担忧会把人绑住，一绑好几年，甚至一辈子。而真要这样，就可惜错过了对此时此刻最美好的体会，因为它让我们不是陷在过去（一堆死记忆中），就是跑到未来（还没发生），却从不在这里！我们甚至连自己还活着都察觉不到。

只有活在当下此刻，不想过去，不担忧未来，只是很专心地把眼前的事情做完，很诚恳地把每一刻都体验过，别怕痛，好、坏都不躲，因为它们都是对的，都是生命专为你设计的"情境"。只要扎扎实实地经历过，你就一定会领悟并且功力大增。

Chapter **6**

法尚应舍

纱丽、垃圾堆与慈悲

我们只知道闭目静坐，祈求上天加持，
但慈悲心却一点都没用上。

从印度过完年回来，朋友们都认为我一定会带回很多不一样的旅游见闻。很不好意思，那段时间，我一天都没离开过德里。我不是去搜奇探险的背包客，所以印度游记里那些不可思议、惊心动魄的故事，我一个都没体验过。我只会每天买菜、洒扫、洗衣、做饭、喝奶茶，其他什么都不做。

所以，我该用什么方式，从哪个角度叙说印度呢？

好玩的以后一定还有机会说，但有一封信，我想先摘录其中一部分与你分享。那是我给深谙印度史，同时也是《心灵瑜伽》一书翻译者石宏的E-mail。印度种姓制度引发我对所谓"布施"的疑虑。

我在信里对他述说了我的困惑。

"……德里整座城市灰蒙蒙的，尘土飞扬，空气污染严重，树虽不少，却都很脏。好不容易下了几场雨，才惊觉德里其实很美，只是马路上到处脏乱，乞讨的穷人太多，看得我心里难受。我先生的同事一再提醒我，别轻易施舍，不然乞丐全涌上来，我的麻烦就大了……我们都渴望灵修精进，可到处那么多贫穷的人住在垃圾堆里，生活穷困，无以为继。我们只知道闭目静坐，祈求上天加持，但慈悲心却一点都没用上。也许你的老师Dr. Arya（印度瑜伽士、哲学教授）对这件事有过独到的见解，我实在想不出答案是什么……"

很快就收到了石宏的回信：

"……你能够暂时放下工作去印度，真是难得的机缘。对生活有新的认识，对人生有不同的看法，都是必然发生的现象。老师曾告诉我们两个很美的句子，可以常常念诵：smera smera stimita（微笑、微笑、安详静止），每当有事烦心，心情躁郁之时，念几次，同时想着观音的面容；还有nava nava camatkara（新鲜、新鲜、奇妙无比），这是瑜伽师在修行中，不断遇见新的境界，正当以为到了极境之处，哪知柳暗花明又一村，于是心头涌上这句话，赞叹不已。我觉得也可以把它用在日常生活中，在平凡的事里看出苗头，欣赏赞叹造化的神奇（我们现在的呼吸岂不神奇），那么，在德里嘈杂污染的街头，你也会看出奇妙的东西。

我没在德里待过，印度很多事情让人抓狂，可是我发现印度人的笑容很自然。世界上大多地方的人民都不会对陌生人笑，即使认识，就算笑也笑得很浅，甚至很人工。你留意一下。

在街头撒钱是布施，但是没有智慧，反而有道德风险。穷人会不愿努力工作，坐着等人派钱。更甚者，会形成丐帮，乃至掳掠儿童去街头行乞（所谓慈悲生祸害）。捐钱给收容老人、孤儿的慈善机构，应该是比较安全而有效的做法。也可择日做布施，印度著名的‘大壶节’就是这种精神，中国旧日的打斋、派米也是。另外，在自己或亲人生日那天（或其他有意义的日子）捐钱给慈善机构作为他们一天的伙食费，也是布施的一个例子。

你每次静坐结束，可以在心中存想：‘若此静坐有任何功德，愿回向一切劳苦众生。我无所求，天意遂行。’静坐不为自己，静坐也变成了一种布施。佛法有三布施：财布施、法布施、无畏布施。善的意念未尝不是一种布施，笑脸迎人当然也是布施（你看每天有多少人对我们微笑布施，而我们有没有吝于对人微笑呢），难就难在我们吝啬心太重，下手时没有智慧，或布施时有做功德、求回报的念头——与你共勉。”

 你给灵魂吃什么食物

不是鼓励你无节制。

只是爱自己，你必须无惧。

一位长辈朋友最近去做全身健康检查，报告出来，指数全部正常，我替他高兴，但他却很不以为然，因为他的家庭医生警告他，为了继续保持好成绩，不可喝酒、吃红肉，也不可太频繁地出国旅行。

他跟我扮鬼脸。"找他把身体调好，不就是为了可以全世界到处玩、吃肉、喝红酒的吗？"为了庆祝身体100分，他在我眼前吃掉一整客16盎司和牛，啜着红酒，笑嘻嘻地打电话给旅行社预订5月要去游莱茵河、去奥地利参加吉赛节的行程。

他说自己是"保命党"，尊敬所有的医生，也从来都是一个最听话的病人，但他更清楚自己想过什么样的人生。尤其美食和旅行这两件事，他可是非常非常坚持和讲究。

我跟他说，我的朋友圈里最近正流行"食生"，也就是只吃蔬果，不吃任何煮熟的食物，因为酵素一经加热就破坏了，也不吃加工过的食品，甚至连食用油都不吃，因为油也是经过加工淬炼的。他们给我看照片，食生多年的人不但不容易生病，看起来还年轻得惊人！资料上特别载明食生的另一个好处，就是可以在灵性修行上进展快速，因为身体干净了，静心自然得力。

我向往这种状态，但他却不，他说他活这辈子，就是要看遍世界美景，跟各式各样有趣的人认识，更别说吃遍所有米其林三星级餐厅的美食了。他人生阅历丰富，遍晓世界、人文历史；享受人生是他的座右铭。是的，光物质的满足，就可以带给他心灵无上的快乐。

还有个朋友，我一直以为他是个素食者，每次一起吃饭，他都吃得

非常清淡，可有一次，他竟约我去吃德国猪脚，因为他突然想满足一股
"油腻腻的欲望"，这可让我大吃一惊："我以为你吃素。"他耸耸
肩："这不是吃素、吃荤的问题，我只是跟着身体的需要走。"根据长
年观察，他觉得自己的身体只有在三分荤、七分素的饮食架构下，才是
最平衡的。他尊重保育团体不吃动物的主张，但认为自己更适合"荤素
均衡"，偶尔一块大肉，可以帮他迅速加足马力，吃红肉有什么坏处，
完全不在他的考量之内。

除了他，朋友圈中还有不吃天上飞的、怕吃四只脚的、怕吃有脸
的，什么样的奇怪禁忌都有。饮食不单是个人偏好，背后其实隐藏着强
大的心理因素，如果你恐惧血管栓塞，就选择吃素或经常去断食清肠
胃；如果你相信寿命天注定，也可餐餐无肉不欢，毕竟人生短短几十
年，无常又随时跟在身边，你要怎么对待自己的身体，也只有你自己做
得了主。

我想问的是，我们该给情绪（灵魂）吃什么食物？

轰动医界的《死过一次才学会爱》的作者Anita Moorjani，在罹
患癌症之前，是一个生机饮食的忠实拥护者，但在"死后的那个世界"
里，她领悟了原来自己之所以会罹患癌症，是因为她每天都活在"不
值得被爱"的负面情绪中，而且吃任何健康食物的理由都是因为"怕
死"，最后，体内的坏细胞"呼应"了她长年积累的负能量，并集结起

来，占据她的身体！是恐惧引发了她一直最害怕的癌症。

不知道是上天对她特别恩宠，还是为了希望她回来传递这个重要讯息，Anita在被医界判定死亡后几天，奇迹般地活了回来。现在的她，热爱生命里的一切，什么都吃，还特别爱吃巧克力、喝香槟，而且不管别人爱不爱她，她都爱自己。她将生命的热力全部专注在最美好、最健康的正向思维上，并不断应邀前往世界各地，分享她鼓舞人心的故事。Anita的真实经历启发我很多，我经常咀嚼她说的话，尤其她一再提到的"要无条件地爱自己(unconditional love)"，更是深深打动了我。生过大病，我知道，这才是自我疗愈的灵丹妙药。

不是鼓励你无节制。

爱自己，你必须无惧。

秘密的"秘密"

无缘大慈，就是对不认识的人同样慈悲。

台湾有个男子中了九亿多元新台币（将近两亿人民币）大乐透！他把五分之一的奖金捐给公益团体，还对外透露他中大奖的秘诀。

准备好了吗？

答案是：他使用了美国励志畅销书《秘密》教授的方法。

第一步，用心观想渴望得到的东西；第二步，"相信"，想象自己已经得到了；第三步，全身心沉浸在已经得到的喜悦状态中（他甚至想象自己每天睡在一个"塞满无数张钞票"的枕头上）；最后，再从内心深处对宇宙发出"最诚挚的感谢"。

这位幸运中奖的男子始终没对外露过脸，很难判定他说的是不是真的，不过《秘密》这本书确实教人如何运用"意念"心想事成。它强调，只要你专注，并全心全意相信，宇宙就会接下你的"订单"，把你想要的"礼物"送给你。

这本书受到很多名人的喜爱和强力推荐，在海内外早已声名远扬，说不定不少人都用它来求官求财了。可有个朋友的经验却让我听了毛骨悚然。

几年前她用这个方法，请求宇宙送她两百万。没多久，她强烈预感，钱马上就来了！当晚回家，她爸妈跟她说要出国旅行，叫她在一份境外旅游意外险的保单上签字，她是受益人，赔付金额正巧两百万！她当场吓出一身冷汗，冲回房间，请老天收回，她再不敢要那笔钱了！

也许是巧合，但那个巧合却让我这位朋友，从此脚踏实地努力工作，来年就赚到了人生第一桶金，买下一栋房子，价值远远超过她当时要求的那个数字。

依据"吸引力法则"——只要发出意念，你想要的东西都会被你吸过来，但吊诡的是，宇宙不会分辨你要的东西对你是好还是坏，后果你必须自己承担。英文有句常用的话"Be careful what you wish for"，就是提醒人，小心许愿，因为可能招来你不想承受的后果。

只有为众生求，不仅没有后遗症，还会获得最大的利益。

诵念佛经的人通常都会在读完经之后，再多念一段"回向文"，把诵经的所有功德全数转给众生，意味着这部经是为众生念，不是为自己。也就是说，我们在为自己祈求好运的时候，一定也要同时真心祝愿所有人都得到幸福。当内心充满无私的爱，宇宙就会和我们一起共鸣，让包括我们在内的每个人，都能够以各种不同的方式感受到快乐。

"无缘大慈"（对不认识的人同样慈悲），才是宇宙最喜爱的。能做到无缘大慈，我们就会很富足，言行举止间一定会展现"宁静而喜悦的力量"，这是因为众生领受到幸福以后，会发出感恩的念波，这个念波会经由宇宙，再度回到我们身上，使我们神奇地得到更大的能量与爱力！

宇宙的本质是共生共荣，只有你一个人幸运，其他人都不幸，谁跟你一起分享快乐呢？

不为小我私欲，虔诚为众生祈福（众生就是我，我就是众生），才是真正享有不尽财富的"秘密"呢。

通货膨胀的"自我实现"

"自我实现"，是顶好用的四个字。

一瞬间，满大街的人都在谈心灵和自我，犹如通胀的货币。

什么是自我实现？该做什么呢？本分。

回首这些年的工作经历，创刊号上，烫金的"悦己SELF"和斗大的标题"快乐由自己"，依然光灿夺目。我闭上眼睛细细回想走过的路。每个片段和点点滴滴，全都浮现眼前，仿佛是昨天才刚刚发生的事。假如一路走来，始终如一是这种感觉，我真的可以肯定，只要始终做着自己相信的事，那么，时间真的不曾来过。

几年前我问很多中国女性：什么事能带给你最大、最真实、最极致的快乐？高达61%的朋友说是"自我实现"，把爱情放到了第二位，而且只给了22.5%的青睐；至于金钱、权力，那就被抛得更远了。往后几年，我持续关注中国女性的内心变化。去年年底，我看见自我实现依然稳稳高居第一，职场和生活方式则分别跃升到了第二和第三，接着才是金钱和情感婚姻。这让我不禁想，如果中国女性自我实现的途径，不是金钱或职场，甚至连婚姻情感都不算，那么"自我实现"指的是什么呢？

我问了很多人，发现大家对这四个字的定义都不一样。有人说，那

要做你该做的，

之后，你就可以做你喜欢做的。

该做什么呢？

本分。

是一种被需要、被肯定的价值感，好比用"间隔年"的方式，在做了一两年工作之后，离职去当义工；也有人反问，难道不是去做自己想做的事，过自己想过的生活？更有人坦言，"实现"不重要，是"自我"这两个字让他有存在感，感觉人生掌握在自己手上。

说得都很对，但"自我"又是什么？

我们都以为身体是我，念头是我，情绪也是我，但身体会变老，念头会乱跑，情绪转眼又不见了，真要是"我"，为什么我会掌控不住这个"我"？有个"我"吗？"我"在哪里？一下找不到答案，可偏偏我们心里都先有了一个理想化的"我"，而且不断渴望自己变成那个人，既无法接受自己"只是"现在这个样子，也难以接受自己"只能"做现在这个工作。假如有足够的天赋和条件，成功不会躲着我们，但我们真的看到自己内在真相了吗？看到了，能如实如是地接纳吗？也许我们会说，我了解我自己，我做的就是自己想做的事呀，但假如我们把别人那儿听来的话从心里拿掉，把看到的别人的光环从眼里抹掉，我们还确定那是自己真正想做的，想要的吗？认为自己是什么一点也不重要，我们必须经常扪心自问：这真的是我吗？不了解自己，我们"自我实现"什么呢？

印度一位瑜伽大师说过："不要做你想做的，之后，你就可以做你喜欢做的。"我思忖了很久，想到也许可以反过来这么理解："要做你

239

该做的，之后，你就可以做你喜欢做的。"该做什么呢？本分——也就是爱我们的家人，爱我们的朋友，爱我们身边的每个人和做好我们眼下应该做的每件事；只要把本分尽好，贵人和助缘很快都会赶来帮助我们达成愿望。

自我实现不是一个远在天边的目标或梦想。不必再等了，我们是自己思想和行为的产物；每天做的每件事，发出去的每个意念，都已示现了我们真正是谁。

飞在前往德里的万米高空上。

深夜两点三十，星星窗外闪烁。好近，好近。

一杯白兰地，感受宇宙盈盈的爱意。

这是我此刻的心情。

 你有手表，但你有时间吗

我不频频低头看表了。

好好地用"五感"，品味每个当下和眼前。

朋友传给我一篇文章，这是网络上一篇非常有名的访谈，我相信很多人都读过。

受访的是位叫做Moussa Ag Assarid的非洲Touareg族人，出生在沙漠，年龄不详，因为他们所有族人都不知道自己生在哪年哪月。长大以后，因缘际会，他去了欧洲。一踏上法国土地，他立刻震惊到落泪，因为他发现所谓的文明世界居然如此不珍惜珍贵的水，而且，"我看到他们在机场里奔跑！我们只有在刮沙尘暴的时候才奔跑的。他们把我吓坏了"。以天为幕的沙漠，物质条件虽然远远落后，却处处充满活在当下的乐趣，没什么事要赶，什么都不急，日出就作，日落就息。富裕的欧洲人拥有得那么多，却还是不断抱怨，而他的族人对超前别人一点兴趣也没有。所以他幽默地说出了他的观察：

"你们有手表，我们有时间。"

但我认为他说的并不是我们熟悉的、有刻度的、前后连续的"时间"。他说的时间，是活在当下几近永恒的感觉。

我们熟悉的"时间"连接着过去、现在和未来，我们珍藏的记忆就是这种时间的连续和积累，但那却是让我们非常不快乐的原因。

以前，我总是自豪脑子里积累了很多"宝贵的经验"，还用它不断计划着"美丽的未来"，所以当设定好的事，没在预定时间内执行或发生，我就非常不安，懊恼自己不够坚定，能力不足，所以我总是不快乐。但慢慢地，我发现未依照时间表发生的事，后来都发展得比我设想的更妙，更神奇！我不得不承认，我其实胜不了天，只能顺天。我唯一需要做的，只是尽心尽力把眼前的每件事做好。要是如愿以偿，我很感恩，但万一想要的结果没有出现，我知道那不是因为我努力不够，而是它本来就不该在那个时间点发生，或宇宙根本不需要它发生。

从想通的那天开始，我记不起来（也不在意）昨天去过哪儿，见了谁，说了什么，听到什么，只是静下心，真诚地面对每个当下。事情处理好了，过了，就放掉；而一再记不住的事，铁定对我不重要。心里没有好恶，没有不要，没有非要不可，于是不存在愤怒、嫉妒、兴奋或渴望等种种情绪。不特别记忆哪一年、哪一天，只知道哪些人、哪些事曾经深深感动过我。线性时间不存在，每天清晨张开眼睛，都是重新开启。什么都是第一次，什么都新鲜。

最近无意间看了一部电影，片名忘记了，但里头有句对白，让我印象挺深刻的。

"我父亲是个技术精湛的钟表工匠，但自从爱因斯坦发现相对论之后，他再也不做表了。"

快乐的时候，我们总是惊叹时间过得太快；悲伤无聊的时候，却又怨叹度日如年，可见时间并不真实存在，只有当下的"感觉"最真。钟表上的刻度虽然方便我们安排日常的活动和行程，却不意味着我们就要被它摆布，受它支配。也许我们无力改变这个处处都要竞争的社会，但至少我们可以做到不频频低头看表（有时你得小心，这个动作在社交礼仪上是个忌讳），好好地用"五感"品味每个当下和眼前。

　　跨越时间向度，凡事轻松随缘。

对所有心痛，都说好

当你不再觉得需要捍卫自己，你就不会再对任何错事感到愧疚。

　　有一次去不丹国家绘画艺术学院参观，走过学校的布告栏前，不经意瞥见上头贴着一张海报，我被上面的英文字深深吸引了。

　　不丹是个佛教国家，到处都可以看见four friends的图腾 <small>（释迦牟尼佛以大象、猴子、兔子和孔雀隐喻：与权力大小无关，每个人都有专长，只要彼此协力，就可以成事）</small>，还有许多藏传佛教的神祇唐卡，每位菩萨都传递着深厚的教化寓意。

　　但那一天，导游再三礼貌地请我上车，我却迟迟不愿移动脚步，细细读起那张已经有点斑驳的影印纸。它使我的丹田升起暖意，在心头盛开了一朵花：

God has given us eyes not to look, but to look beyond situations;

（上天赐给我们双眼，不是让我们只看到表象，而是要看清事实的本质。）

Mouth not to criticize but to speak the truth;

（给我们嘴巴，不是用它来批评别人，而是用它说出真理。）

Hands not to punish sinners but to give a helping hand;

（给我们双手，不是用它处罚有罪的人，而是用它帮助别人。）

Ears not to be insensitive but to hear voice in pain.

（给我们两只耳朵，不是为了让耳中充塞太多声音，以致变得麻木无感，而是要用它聆听世间疾苦。）

Everything has its own purpose. We should use it well.

（身体的各个部位都有各自的功能和目的，我们应该加以善用。）

造物主为我们设计了"眼、耳、鼻、舌、身"这五种感官，供我们体验、感受这个娑婆世界，但我们不光用自己的好恶体验，还给每件事贴标签：这是好的、那是坏的，这是快乐的、那是痛苦的，这是幸运的、那是倒霉的……我们用情绪和主观区分哪些事、哪些人对我们有利、有害，是我们喜欢的，还是讨厌的。这么做，只是因为我们想保护自己。

德国能量专家、百万畅销书作者Andreas Moritz在他的书*Lifting the Veil of Duality*中写得好：

> "当你不再觉得需要捍卫自己，你就不会再对任何错事感到愧疚。接纳一切，对所有的矛盾、心痛和痛苦都说'好'，你就免于限制和恐惧。"

当你不再觉得需要捍卫自己，
你就不会再对任何错事感到愧疚。

看似"不幸"的遭遇，其实隐藏着宇宙的"神圣目的"。如果我们都能用正向的心态、正面的角度去使用我们的感官，并接纳每件发生在我们身上的事，我们的一生，将会非常美好。

亲爱的，无论你对来年有什么新目标，我都衷心希望你能达成，并以上面那则不丹——幸福国度捎来的美丽语录（雨露），作为我献给你的最深的祝福。

 如果有一天，我老了，不中用了

人总要回家的。

七十五岁的父亲前几天跟我抱怨："我真是老到不中用了！什么都记不住！才刚刚背的词组，几分钟后怎么想都想不起来，特意把必须办的重要的事写在纸上，却忘了我写过一张便条纸，好不容易记起写过那张纸，却又忘了我放哪里。"他一脸懊恼和忧伤。

我要他别去写什么便条纸了，忘记就表示那件事根本不重要，真重要，过段时间那事又会回来的。但这句话显然对从小一直像座山一样让我倚靠的男人不管用。父亲布满皱纹的眼眶垂得更低了，口里听不清呢喃些什么，一种难以言喻的不安让我一下忘了做女儿的身份。

"当然啰，"我轻轻拍着老人的背，"你也可以这么想，人总要回家的，离开前什么都忘记，就什么都没遗憾，什么都无挂碍，轻松脱开这个身体就等于脱开了这辈子的枷锁。身体用一辈子，旧了，坏了，我们就等着去换一个更新更棒的身体，旧脑袋里的记忆软件也必须全部洗掉，才能换个更高级、更新的来用！这是老天对我们最好的设计呀，对不对？"

正和小朋友一起上计算机初级班的老人，眉头一下宽解了，嘴角泛出淡淡的笑意。

第二天天未亮，他拉着同样早起的七十二岁的妈妈去公园散步，只是这一次他步履轻盈，不再抱怨虽然精神好但睡眠越来越少，当天晚上甚至兴致勃勃地计划下半年的日本温泉之旅，因为他的傻女儿还跟他说：这是老天故意做的贴心安排，因为你前半生都在忙碌事业，照顾家庭，没什么时间享受生活，所以现在要你少睡点，赶紧在回家前，好好把这个世界看个够本才不虚此行！

为了宽慰这个我一生深爱的男人的心，我说了自己都惊讶的话，本该担心被父亲骂的，却竟然帮他松了心头的大绑。与其说我的话起了安心作用，不如说老人展现了他对女儿最大的爱——信赖她已经是个个性成熟，有点人生智慧足以分享的女人。年迈的父亲瞬间停止了对盛年不再的自怨自艾，放下了对身体的执着。

好友婚姻不幸上演了老掉牙的通俗剧情——丈夫外遇，对象是她的好友。足足恨了好几年，始终不愿意离婚，她说，就是要让这对尢情男女永远没有正式名分。一直到今年初，这个眉头深锁多年的女人，竟然闷声不响地签字了。恨了六年，她说，累了！

在做完腿部静脉曲张手术的第二天，她丢掉六年的痛苦记忆，决定重新给自己一个机会——打包行囊远赴巴黎学烹饪，并计划学成后用一向叫人垂涎的好手艺开启下一段人生。她说，这么多年来，她一直痛恨老天对她不公平，但后来才发现，其实是她自己不放过自己。经历过无数个无眠的夜，她说"终于可以酣睡了。"

感悟人生需要岁月磨炼，也必须经历许多困顿与挫折；不奋力攀爬到某个高度，就不容易看清世界的浩渺和广阔；forgive（宽恕）和forget（放下）正是打开这扇成长大门的钥匙，只不过，宽恕不是对别人，是对自己。只要愿意放过自己，前面的大路就会展开。

 不拥有，就不被拥有

生活方式，其实就是"你对待自己的方式"。

常听经常旅行的朋友告诉我："有一种生活方式，叫丽江。"
这样的形容，对总是生活在家与办公室两点之间的我来说，无疑是冬日枯木望春风。于是，上个星期，趁着到成都出差的那个周末，我绕道去了丽江。

这不是我第一次去丽江。十年前，我陪一位老朋友去过，但当时的我对丽江没有任何向往，只记得大研古城、束河古镇和各式各样、五花八门的饰品店跟酒吧。我始终不明白，为什么丽江会是一种人人艳羡的"生活方式"？唯一印象深刻的，是在饰品店里发现一句很美的话，生动描绘了纳西族女人的人生态度："工作像蚂蚁，生活像蝴蝶。"这句充满画面感的谚语，深深打动了我，甚至还把它做成了一个选题。像蚂蚁一样工作，我明白，也实践了；但生活像蝴蝶呢？蝴蝶生命短暂，却依旧挥动斑斓的双翼，在百花丛中快乐授粉飞舞，直到陨落。

在书上读过一段对话。老师问学生：一个把握时间、尽兴生活的人，和一个每天无所事事、浑浑噩噩过日子的人，大限突然到来，谁会懊恼、遗憾？学生马上回答：不用说，一定是那个每天玩得很高兴的人，因为他明天就没得玩了！老师却笑着说：你有没有想过，也许更应该是那个还没开始采取行动的人？到死，他什么都没体验过。

既然知道人身难得，我们又该怎么好好地为自己活？

在丽江那两天，我先去拜访东巴文研究所所长李德静。她告诉我，东巴文虽然只有一千四百个字，但词语非常丰富，能表达出最细腻又复杂的情感，可惜现在能精准翻译的东巴（智者）越来越少。她说，东巴文

不拥有，就不被拥有。

是全世界到现在还存活着的象形文字，出现的年代比甲骨文还早，见木画木，见水画水，是"文字的童年"（真是爱死了这么可爱的形容）。她的使命，就是不让东巴文流失，所以经常不辞辛劳地去许多部落做资料搜集和田野调查。于是，我领悟到有一种生活方式在丽江，就是不在乎名利，用爱和激情去实现自己一辈子的梦想。

上了车，一时不知道接着该再去哪儿看看，司机突然开口问，有兴趣去丽江最古老的白沙古镇走走吗？有位93岁的老滇医可厉害了。老滇医果然神，从每个人都能告诉你他住哪栋房子，就可知他与丽江蓝的天空一样传奇！

在诊所拐角，我意外发现丽江的另一种生活方式：有家台湾人开的民宿，取名叫自由岁月，民宿主人姓王，坐在树下喝茶，酷酷的外形，头上扎着马尾，声调平缓，显然不怎么擅长主动招揽生意，走进他的店，反倒像是不小心打扰了他的休息。

民宿主人极少开口，我只好不断主动找问题问。同行的朋友学富五车，听到民宿主人的回答，不禁好奇地问他平常都读些什么哲学书。这个动作比我慢十倍的男人淡淡一笑，说自己从小就不爱念书，也没什么大志向，说出来的不是书上读的，是他经历过的。既没钱，也没本事赚钱，在新加坡当了八年剪辑师，后来与妻子一起搬到丽江，还挑上观光客最少的白沙古镇经营民宿，七岁的孩子就念当地小学。"赚的钱很少，但足够家用。哪天缘尽了，收拾好行李，就可以离开，我没有财产，也就没什么好损失的。"

不拥有，就不被拥有。每个当下，都是自己的主人。

不是只有在丽江才能做回自己，但丽江让我第一次明白，生活方式，其实就是"你对待自己的方式"。

亲爱的，你的生活方式是什么？

 你需要得那么少，却拥有得那么多

你应该每天好好地过，而不是过得好好的。

最近，身边很多人都遇上了不少无法解释的奇怪事情。有位朋友，突然受人指点，半信半疑地去医院检查身体，结果竟如对方所言，腹腔里长了一颗硕大又危险的肿瘤，医生隔天就帮她摘除了。

这个女强人被迫住院一周，什么事也干不了，本来还很心急的，没想到，竟然因为每天被迫亲眼见证病痛、死亡，短短几天就彻头彻尾地变成另一个人！出院以后，她不仅常常对家人和员工表达爱，还大量减少赚钱的时间，看什么都淡，人快乐了，心境也更平和了。许多朋友目睹她不可思议的转变，突然都跑来找她抱怨诉苦，而她也来者不拒，每次都用自己的亲身体会去开导、宽慰那些朋友。她说，那个刀，表面上看，割掉的是她的肿瘤，但其实却是把她性格中"只顾自己，对人无感无心"的毒瘤给去除了。

也有人是在不经意之间，灵光一闪，忽然"知道"一些过去从没意识到的事情。下面随手抄写几个很多人分别"接"到的信息。（这些话给了我很棒的反思）

"你应该每天好好地过，而不是过得好好的。"

（意味着我们不能天天都要求事情顺自己的意，每个挫折其实都是帮我们越变越有智慧的礼物？）

"拥有一颗感恩的心固然好，但最好每天都有人感恩你。"

（是说与其感谢别人给我们恩惠，不如积极地每天都活得对人有用？）

"达成不是靠你努力，而是花开自然结果。"

（呃，意思是，太过操切其实是刻意造作。不必催，只要一步一个脚印，时间到了自然瓜熟蒂落？）

"只要心里没有负面的东西，就是快乐的人了。"

（难怪"健忘"就"健康"。）

"天赋，是几乎不费力就有的，它和人类大我相连，是上天要你用来助人的。不发挥天赋，形同盗贼！"

（叫人看了冷汗直流。）

没错，在我身边，脑袋电灯泡突然亮起来的人，真是越来越多了。那种不经脑筋思考就有的明白，让人不解，却又迷人。有个灵性修行多年的朋友跟我说，直觉异常灵敏的人真的不少，只可惜，头脑太过强大，让他们总是分不清灵光闪现的，到底是脑袋里的想法，还是灵感，往往要走上一大段冤枉路，或更惨地，整个错过，才"啊！原来……"，但千金难买早知道。理性的思维往往容易导向逻辑的僵局（这就是为什么我们会常常感觉大脑打结的原因），唯有脑筋全然"不用力"的时候，比方散步、泡澡，智慧的答案才有隙缝浮现上来。

灵感进入我，一般都是在天色要亮未亮的那个片刻。半梦半醒之间，画面跟音流就从那个隙缝里突然滑了进来。好比今年生日那天清晨，我忽然"听见"灵魂自己说：我需要得那么少，却拥有得那么多！接着，我"感觉"它从我很深的心里哭出来，我"感觉"我的心在剧烈颤抖。大脑慢一拍醒来，眼睛睁开，正狐疑着，竟发现泪水早已湿遍枕巾。之后，只要偶尔又升起"匮乏感"，我当下就知道，那只是一时虚荣心作祟，一切早就够用。一转念，那个感觉就倏地过去了。

但万一一下找不到那个特殊管道，大脑里的噪音太大，听见了，却又不确定到底是不是真的怎么办？

开悟的《当下的力量》作者埃克哈特·托利（Eckhart Tolle）曾经回答著名主持人欧普拉的提问，他说，只要你做一件事的动机，不是为了只图自己的私利，而是清楚地知道那样做，会为整体带来最大的利益，那必然是大我（灵魂）的呼唤，注定得到宇宙最大的支持；反之，就是小我欺

你应该每天好好地过，而不是过得好好的。

骗的伎俩，纵使得到，也会很快失去。小我（低能量场）只会一直怂恿我们攀比、夺取；大我（高能量场）却永远鼓舞我们做对人，做对世界有益的事情。（神奇的是，越是这么做，宇宙的回报，就越多过我们期待！）

如果你最近总觉得内心特别空虚、不快乐，亲爱的，这意味着你已经到了必须扬弃"小我"旧思维的时候。

诺亚方舟不在西藏，它在你心里。

 爱上"坠落"

坠落之后是"重生"，
是直面恐惧后的身心转化。

你在梦里飞翔过吗？如果有，那么，有个经验我想说给你听。

小时候，我非常害怕站在高楼上，因为我会晕眩，然后身体不由自主地向前倾，坐云霄飞车也会把我吓到脸色惨白，惊声尖叫。

白天，我绝对不去高的地方，但夜里，我却常常做着飞翔的梦，而且每次都在梦中全身腾空，向下坠落，然后又哭又叫地惊醒过来。

这个恐惧一直伴着我长大。从没让爸妈知道，也没跟任何朋友说过。直到很多年前，遇见一位出家法师，才在不经意间，跟他说了这个缠捆我几十年的梦魇。

当时，法师沉吟半晌，然后，他抬起头，看着我的眼睛，意味深长地说："其实，你不是怕高，是怕坠落。"

像开了点小悟，半天说不出话。

我陷入寂静。

不是怕"高"，是怕"坠落"？但真的让它摔到底又会怎样？当坠落地面，当一切静止，我会在哪里？是什么感觉？我早已经不再恐高，搭飞机也从不惊恐，为什么独独在梦里还这么害怕？暗夜长泣，什么时候才能终止？

仿佛，慈悲的宇宙终于决定出手。

和法师谈完话的当天夜里，像往常一样，"我"又在梦里飞起来了。

天色像墨一样黑，风伴着"我"，星星簇拥着"我"，"我"像小飞侠，快乐翱翔。一个急摆尾，"我"飞向更高的宇宙星空，再一个右翻身，"我"飞越了绵延的古堡，大海，深谷和那广渺无边的黄沙大漠，正在意识最high的时刻，突然，那个不祥的预感又再度袭来，我知道我马上又要坠落了！可是，就在快尖叫出来的瞬间，"我"竟然听见"自己"跟"自己"说：别怕，那是梦，没有死亡。

就是那一刻，我决定把自己交给那个声音，不用力，不抵抗，张开双臂，让身体向后仰。

我告诉自己：那就坠落吧！

犹如从万米高空一下掉落到百米高处，那当下，意识一片空茫，没了思维，没了羁绊，没了束缚，没了身体，没了任何挂碍。啊！把自己交出去的感觉竟然那么放松，那么解脱！所有白天自我约束的念头，在那一刻全部尽情释放，五彩缤纷，像爆炸开的烟花，每个细胞都被无法言喻、最极致的喜乐穿透。五感舒放，美妙到我认为那就是天堂！

然后，我睁开眼睛，发现自己毫发未伤，安然地躺在被窝，全身被一股强烈而祥和的能量包住。

如果你问，那后来呢？

后来呀，在梦里多练习几次"坠落"之后，面对困难，我一次比一次放得开，也一次比一次更敢放手一搏。因为我知道坠落之后是"重生"，是直面恐惧后的身心转化。"放弃控制，把自己交给存在"，意味着你敢"面对不确定的未来"。

尽管那个意识是在梦里转换的，可是我相信宇宙跟灵魂之间有很深的联结。内在的运作不分昼夜，梦和现实其实是一体。白天，我们自我压抑，但在卸下面具的梦里，只要敢放手让存在接管，灵魂就有机会被疗愈。

从那个时候开始，我再也不怕"飞翔"，甚至爱上了"坠落"，因为它帮我打开心里那道铁门，让我不断挑战下一个内在的极限！

梦的力量非常强大，灵魂用它直通宇宙。白天，我们勇敢梦想；夜里，我们直闯心灵的黑洞；于是，在虚拟和实境间，我们拥抱了全部的自己。

愿意放手一试吗？

记得跟我分享你美妙的疗愈之旅。

从此，再不过生日了

每天入睡，都是一次"死亡"；

每天醒来，都是一次"新生"。

不仅商业上，我们每年也像应景似的，呼朋引伴，庆祝自己生日快乐。但是自从好几年前，读了心灵书《旷野的声音》之后，我就不再热衷过生日了。因为书里有段故事很有意思，说澳大利亚原住民是从不过生日的，他们只在智慧增长的时候，才由族人欢喜地为他"庆生"。

我自诩为现代文明人，却愚昧又心不在焉地过了一年又一年，还大肆为自己切蛋糕祝贺。想想，实在不对。从此，再也不过生日了，可是，任何一天，只要忽然明白了一个小道理、跨过了心里的一道坎，那天晚上，我就会点上蜡烛，倒上红酒，为自己又成熟了点，欢欣不已。

每天入睡，都是一次"死亡"；每天醒来，都是一次"新生"。只要我们天天带着觉知，智慧地活着，每天都是重生日，庆生不必等一年过后。

从此不再说"打扰了"

使用完毕，打扫干净，心安理得。

我们常说"活在当下"，但是宇宙很有意思，因为它的答案，往往不在当下。

几年前，一位专门研究心理的朋友，请我帮他做个心理测试。假设我去了一座庙宇，那座庙宇给我什么感觉？走进去，看见里头有一只大猩猩，它正在做什么？又问我离开这座庙宇之后，回眸再望，想对它说些什么？

做完测试以后，他跟我说，那只大猩猩其实就是我自己，看到它在做什么，就是我晚年的写照，我对那座庙宇的描述，就是晚年之后，别人怎么看待我；至于回头最想对庙宇说的话（或不说任何话），就是我离开这个世界前的最后感悟。

前面的问答，我自有一番领悟和体会，但最后那个问题，想对那座庙宇说的话，我记得当时脱口而出的就只有三个字："打扰了！"

对这个回答，深谙人性的朋友没给我什么特别的解释，只轻描淡写地说："你我早晚都会知道，这句话背后究竟是什么意思。"

几年过去了，早就忘了这个测验，没想到上个月去印度Rishkesh闭关，一个突然的安排，竟为我揭开了这三个字背后的"神秘信息"。

那是在进入修院的第二天晚上。僧人跟所有人宣布，院里最近正在推行"奉（献）爱"计划，鼓励大家在生日那天，自由捐献，可供做修院出家人和闭关者一天的伙食费用，也可捐给任何自己想捐献的单位或特定的人。

我先生因为再过几天就过生日了，所以他很高兴地捐出口袋里所有的卢比给修院。我则不解地反问修士，想捐钱就捐钱，为什么还要特地挑自己生日的那一天？

但话刚问出口，我就突然像被雷电击到，一下就明白为什么"奉爱"要选在我们生日那天了。

从生下来的第一口呼吸起，我们就已经开始耗用地球上的空气、阳光、水；不管吃的、穿的、用的，制造出来的垃圾，甚至升起的无数个负面念头，全都在污损、消耗这片土地，更别说这世界上有那么多人都曾经帮助过我，而我又何尝回报过他们什么？

那个当下，我看清了自己随口说出的那句"打扰了"，实在很自私，好像以后打算拍拍屁股就走人。别说"使用者付费"了，连诚心诚意说声"谢谢"的想法都没有过。

修士看着羞赧的我，一语不发脸上满是慈爱。

我老公已经率先做了他的那一份，很快地，我的生日也会到。我将不再用比平常消耗更多的方式，度过这个其实是母难（地球妈妈）的日子，而是选择一个我应该"奉爱"的项目，在每年生日那天，用捐献或去做志工，来偿还我对地球的积欠。

我做了多年杂志，那就植树还给大地；喝了这片土地上的水，就捐钱给水资源保护组织；儿子生日那天，用他的名义为孤儿院的孩子买礼物，还要用最诚挚的心念，祝愿全天下的孩子们都健康幸福……

以实际行动回报，并时时以善念为众生祝祷，我们这一生，将会因为知恩、感恩而福杯满溢。

只要每个人能分享这个信念，就意味着三百六十五天，天天都有人以自己的创意和方法"奉（献）爱"给地球，那么，只要短短一年时间，地球就会复原，重新蓄满最光明、最美丽的能量！

从此不再说"打扰了"。

使用完毕，打扫干净，心安理得。

"越"过自己，才知天地大爱。

在这里，写下你的「越己」心得吧。

图书在版编目（CIP）数据

从悦己到越己 ／ 陈贺美著．一南宁：广西科学技术出版社，2017.10

ISBN 978-7-5551-0780-4

Ⅰ．①从… Ⅱ．①陈… Ⅲ．①陈贺美－传记 Ⅳ．①K825.38

中国版本图书馆CIP数据核字(2017)第139833号

CONG YUEJI DAO YUEJI

从悦己到越己

作　　者：陈贺美		特约策划：物天文化	
封面设计：视觉共振设计工作室		内文设计：视觉共振设计工作室	
产品监制：陈恒达		责任编辑：陈恒达　袁靖亚	
责任印制：林　斌		责任校对：曾高兴	

出 版 人：卢培钊	出版发行：广西科学技术出版社
社　　址：广西南宁市东葛路66号	邮政编码：530022
电　　话：010-53202557（北京）	0771-5845660（南宁）
传　　真：010-53202554（北京）	0771-5878485（南宁）
网　　址：http://www.ygxm.cn	在线阅读：http://www.ygxm.cn

经　　销：全国各地新华书店

印　　刷：北京富达印务有限公司　　邮政编码：100121

地　　址：北京市通州区潞城镇庙上村

开　　本：880mm×1240mm 1/32

字　　数：182千字　　　　　　　　印　　张：10

版　　次：2017年10月第1版　　　　印　　次：2017年10月第1次印刷

书　　号：ISBN 978-7-5551-0780-4

定　　价：45.00元

我告诉自己：那就坠落吧！